Heidrun Streit-Gallo

Der Stoff, aus dem die Engel sind

Das ganz andere Engelbuch

Bibliografische Informationen der Deutschen Bibliothek

Die Deutsche Bibliothek verzeichnet diese Publikation in der Deutschen Nationalbibliografie; detaillierte bibliografische Daten sind im Internet über http://www.dnb.ddb.de abrufbar.

Heidrun Streit-Gallo
Der Stoff, aus dem die Engel sind – Das ganz andere Engelbuch
1. Auflage 2007

63674 Altenstadt

Umschlaggestaltung: Maria Anna Schmitt
Druck: FINIDR r.s.o., Czech Republik

Bitte besuchen Sie uns im Internet unter http://www.grasmueck-verlag.de

ISBN 978-3-931723-35-4

Heidrun Streit-Gallo

Der Stoff, aus dem die Engel sind

Das ganz andere Engelbuch

Inhaltsverzeichnis

Wir sind alle Engel
mit einem Flügel.

Um fliegen zu können,
müssen wir uns umarmen!

Vorwort

Engel! Schon lange haben sie sich von den Begrenzungen der Kirchenmauern und der Weihnachtsgeschichte befreit, um an unserem Leben und unserem Alltag teilzunehmen.

Auf Schritt und Tritt begegnen sie uns nun seit einigen Jahren, beispielsweise in der Werbung, in Film und Fernsehen, oder sie lächeln uns in den Auslagen von Schaufenstern sowie von Kalendern und Postkarten entgegen. Doch nur wenige Menschen sind sich der wirklichen Existenz von Engeln bewusst oder können gar von ihren Engelerfahrungen berichten. So ist es nicht verwunderlich, dass immer wieder Fragen wie die folgenden auftauchen:

Was sind Engel?
Gibt es sie wirklich?
Sind sie zu sehen, und wenn ja, wie sehen sie aus?
Warum habe ich noch keinen Engel gesehen?
Wie können sie helfen?
Wie kann ich Kontakt zu ihnen aufnehmen und Hilfe erfahren?
Warum sind sie gerade heute so gefragt?

Fragen über Fragen, die ich gerne zu beantworten versuche.

Das Interesse an den Engeln ist groß, gerade in einer Zeit, in der viele Menschen aufgrund der anscheinend schwierigen wirtschaftlichen und politischen Lage den Mut verlieren und darauf hoffen, dass doch ein Wunder, das Eingreifen einer höheren, ja vielleicht himmlischen Macht, also Gottes und seiner Helfer, der Engel, alles zum Guten wenden möge. Die Sehnsucht nach Rettung aus einer ausweglos erscheinenden Situation bewegt so manch „Realisten“, der sein Leben lang die Existenz dieser höheren Macht verleugnet, ja möglicherweise sogar verhöhnt hat, dazu, sein Denken zu überprüfen. Vielleicht setzt er sich nun doch, wenn auch nur ganz heimlich, still und leise, mit Themen der Grenzwissenschaften oder der Religion auseinander, da diese Hoffnung und Hilfe versprechen.

Und wahrhaftig, wer sich auf die ernsthafte Suche nach dieser höheren Macht und nach dem Sinn des Daseins begibt, wird reich belohnt. Er findet tatsächlich Hilfe durch eine Kraft, die stärker ist als alle irdischen Energien - eine Kraft, die ihn auf seiner Reise durchs Leben stärkt und unterstützt. Bei dieser Suche wird er erkennen, dass er nicht rein zufällig auf diesem Planeten geboren wurde, um dem Schicksal ausgeliefert zu sein, ein mehr oder weniger kurzes, freudiges oder erfolgloses Dasein zu fristen, welches endgültig mit dem, den Sinn dieses Daseins infrage stellenden, Tod abschließt.

Liebe Leserin, lieber Leser,

mit diesem Buch möchte ich besonders auch auf diesen Sinn eingehen, damit du erkennen kannst, dass alles in deinem Leben einen Grund hat. Du bist deinem „Schicksal" nicht ausgeliefert. Dein Leben verläuft nach einem von dir aufgestellten Plan. Du wirst erfahren, dass du Teil einer unvorstellbaren Energie bist, mit der du stets in Verbindung stehst und von der du jederzeit Unterstützung und Hilfe erfahren kannst. Mein Bestreben ist es, mich bei diesen Ausführungen so einfach und verständlich auszudrücken, wie es dieses Thema erlauben mag, und ich bitte die Engel, mich bei diesen Bemühungen zu unterstützen. Sollte dein Interesse bezüglich des Sinns des Daseins über die in diesem Buch gemachten Aussagen hinausgehen, so möchte ich dich auch auf mein Buch „Meditationen auf dem Weg zu mir – Harmonie und Wellness für die Seele" hinweisen.

Ziel dieses Buches ist es, dir einen Aspekt dieser Energie näherzubringen und dir zu zeigen, welche Kraft sich hinter dem Begriff „Engel" verbirgt. Es soll dir helfen, die Verbindung mit den himmlischen Helfern aufzunehmen und in Kontakt mit ihnen zu treten. Da die Meditation ein wunderschöner und zudem hilfreicher Weg ist, den Engeln zu begegnen, liegt ein Schwerpunkt dieses Buches auf den Engelmeditationen, die es dir ermöglichen, die Engel, deinem Bedürfnis entsprechend, um

Hilfe zu bitten und ihren weisen Rat entgegenzunehmen. Die den Meditationen vorangestellten Texte sollen dir zudem helfen, dich mit deinem aktuellen Thema auseinanderzusetzen, den Sinn oder die Notwendigkeit deiner Situation zu erkennen, und dir schon dadurch Erleichterung schenken.

Bei der Auswahl der Themen habe ich versucht, die häufigsten Anliegen aufzugreifen. Dabei ist es möglich, dass dich einige Themen, wie etwa Wut und Ärger, in einem Engelbuch verwundern werden. Glaubst du vielleicht, dass diese Gefühle den Engeln fremd sind und sie dir daher nicht helfen können? Lass dich überraschen. Andere Themen, wie etwa die Wandlung, welche sich mit dem Tod befasst, mögen dich zunächst abschrecken, weil du dich damit nicht auseinandersetzen möchtest. Doch gerade jene Erfahrungen sind auch Teil deines Daseins, und du solltest sie weder verdrängen noch dich ihnen verschließen. Vielleicht wird dir gerade diese Lektüre helfen, dein Leben ein wenig zu erleichtern, oder dir zumindest mehr Verständnis für die eine oder andere Seite des Daseins schenken.

Solltest du eine, deinen Belangen entsprechende, Meditation vermissen, so ist es dir sicher nach ein wenig Erfahrung mit den in diesem Buch enthaltenen Meditationen möglich, einen der vorliegenden Texte deinem Bedürfnis entsprechend abzuändern und mit dessen Hilfe zu meditieren. Da die Engel grundsätzlich keine Worte benötigen, die doch lediglich ein irdisches Hilfsmittel zur Kommunikation sind, werden sie dich jederzeit verstehen und erhören, ganz gleich, ob du dich in einer ausführlichen Meditation oder in stiller Verbundenheit an sie wendest.

Ich wünsche dir nun eine gute und angenehme Unterhaltung mit deinen himmlischen Begleitern, während dieser Lektüre und selbstverständlich auch auf deiner weiteren Reise durchs Leben! Erkenne in den Engeln die Freunde, die dir stets zur Seite stehen.

Ein Freund, ein himmlischer Freund,
das ist das Beste, was es gibt auf der Welt.

Alles ist Energie

Gott sandte seinen Gedanken aus und erschuf so Himmel und Erde, Tag und Nacht, sowie den Menschen und die Engel. Alles, was uns umgibt, findet seinen Ursprung in der Energie seiner Gedanken. Selbst die Glühbirne, zu deren Idee Gott Edison inspirierte und ihm die notwendige Kraft dazu gab, ist ebenso ein Geschöpf der Gedankenenergie Gottes, wie unser gesamtes Sonnensystem und das kleinste Sandkorn auf dem Grunde des Meeres.

Ja, alles hat seinen Ursprung in einer gewaltigen Urkraft, die wir mit dem Namen Gott bezeichnen dürfen. Sollte dir diese Bezeichnung nicht behagen, da sie dir vielleicht zu stark religionsgebunden erscheint, darfst du diese Energie auch gern ganz allgemein mit dem Wort Natur benennen. Diese Kraft existiert, und sie belebt auch dich, ganz unabhängig davon, ob du nun einer Glaubensgemeinschaft angehörst oder dich als Atheist bezeichnest. Diese Urkraft dürfen wir durchaus als Mutter oder Vater benennen, denn sie ist die Quelle allen Seins, die Quelle der Seelenenergie. Diese Urkraft stellt keine Bedingungen und macht keine Unterscheidungen, so wie auch die Energie des Wassers nicht danach fragt, ob ein Kaiser oder ein Fischhändler sie zum Baden benutzt.

Aus der Physik wissen wir, dass alles Energie ist. Diese Energie befindet sich in einer stetigen Schwingung, deren Höhe beziehungsweise Tiefe für eine Verdichtung ausschlaggebend ist. Je niedriger die Schwingung ist, um so dichter wird die Energie, verfestigt sie sich zu Materie.

Am Anfang war scheinbar das Nichts, und doch war bereits die Energie für alles Werdende in diesem Nichts enthalten.

Die Esoterik, das geheime Wissen, zu dem ursprünglich nur Auserwählte Zugang erhielten, erklärt es so: Alles, was ist, war und jemals sein wird, kommt aus der Einheit und geht wieder in diese Einheit zurück. Diese Einheit dürfen wir uns als das Urenergiefeld vorstellen, in dem die Schwingung so hoch ist, dass sie keine Verdichtungen der Energie, also keine Materie enthält.

In der Einheit ist die Vollkommenheit ebenso wie die Ewigkeit enthalten. Wenn wir nun diese Einheit als Gott bezeichnen und wir nun wissen, dass alles aus dieser Einheit stammt, so wird uns deutlich, dass alles seinen Ursprung im Göttlichen hat. Somit ist alles, auch du und ich, ein Teil Gottes, ein Teil der Einheit. Akzeptiere diesen Sachverhalt. Wehre dich nicht dagegen, auch wenn die äußeren Umstände dem widersprechen mögen. Vermutlich fühlst du dich selbst nicht vollkommen und keineswegs göttlich. Du hast deine „Fehler" und „Macken", ebenso wie jeder andere Mensch hier auf Erden auch, und dein Verhalten entspricht vielleicht nicht immer und in jeder Situation der Vorstellung von „himmlisch". Das liegt daran, dass du dich als eigenständiges Wesen siehst. Du glaubst, du wärst getrennt von deinen Mitmenschen und erst recht von all den anderen Wesen und Dingen, die dich umgeben. Diese Annahme ist auch für deinen Lebensweg notwendig, wie du später noch sehen wirst. Doch werde dir bewusst, dass dein Ursprung in der Urenergie und somit in der Einheit, in Gott, liegt. Da du dich als getrennt ansiehst, kannst du aus dieser Sicht auch nicht vollkommen sein, denn du nimmst dich ja in diesem Zustand nicht als Einheit wahr. Und doch bist du ein Gedanke Gottes.

Der Sinn deines Daseins

Um den Grund für all die Geschehnisse in unserem Leben und überhaupt auch auf unserem Planeten zu verstehen, die in uns den Wunsch nach Hilfe durch die Engel wecken, ist es sinnvoll, dass wir uns zunächst einmal mit dem Sinn unseres Daseins auseinandersetzen.

Die Esoterik lehrt uns, dass die Urquelle jeglichen Seins alles enthält und umfasst und somit **die** Einheit bildet. Da im Ursprung nur diese Einheit existierte und diese somit kein Gegenüber, keinen Spiegel besaß, konnte diese Einheit ihre Vielfalt nicht sehen. Um einen solchen Spiegel zu erhalten und um ihre Fülle sowie ihre unbegrenzten Möglichkeiten zu erkennen, beschloss die Einheit, also die Urseele, sich zu teilen, um sich so in ihrem Gegenüber zu spiegeln. So entstanden dem Schein nach unzählige Seelen, die jedoch alle weiterhin Teil derselben Energie sind und sich in keiner Weise von der Urkraft unterscheiden. Sie tragen die unbegrenzte Vielfalt der Einheit in sich. So, wie sich das Wasser in seiner Zusammensetzung nicht verändert, ob du nun einen Tropfen oder das große Meer betrachtest, aus dem du ihn herausnimmst, so bleibt auch die Energie der Seele unverändert, auch wenn sie sich zeitweise von der Quelle getrennt glaubt.

Damit nun auch tatsächlich ein Erkennen der Vielfalt möglich wurde, war es notwendig, dass die verschiedenen Seelenanteile unterschiedliche Schwingungen annahmen. Einige Seelenanteile schwingen daher sehr hoch, verdichten sich also nicht zu Materie. Da diese hoch schwingende Energie der Urenergie sehr ähnelt, ist sie dem Göttlichen auch entsprechend nahe. Zu diesen hoch schwingenden Seelenanteilen zählen wir unter anderem die Engel. Andere Seelenanteile entschlossen sich, zeitweise tiefer zu schwingen und somit in die Materie einzutreten, um so andere Aspekte der Einheit spiegeln zu können. Zu diesen Seelenanteilen gehören neben allem, was wir sehen können, die Menschen, also auch du und ich.

Da deine Seele den Wunsch hat, die Vielfalt des Seins in der Materie zu erkunden und zu erfahren, verbindet sie sich für die Dauer ihres Erdendaseins mit einem Körper, der es ihr ermöglicht, zu fühlen und mit Hilfe dieser Gefühle Erfahrungen zu sammeln. Um in die Materie eintreten zu können, setzt sie für die Zeit ihres Erdendaseins ihre Schwingung herab und schränkt dadurch auch vorübergehend ihre Kräfte ein. Für die Seele, die sich auf Erden als Individuum erfahren will, ist es zudem notwendig ihr Wissen um ihre Zugehörigkeit zur Einheit auf einer anderen Ebene zurückzulassen.

Alles im Universum und somit auch der menschliche Körper unterliegt dem Gesetz der Wandlung, und es ist nicht immer möglich, neue Erfahrungen auf der Basis bereits vorhandenen Wissens zu machen. Daher ist es notwendig, dass die Seele nicht nur einmal, sondern viele Male geboren wird. Vor jeder neuen Inkarnation prüft die Seele daher, welche Erkenntnisse ihr noch fehlen. Dementsprechend plant sie ihr neues Leben, mit all den Begebenheiten, aus denen sie etwas lernen möchte. Damit deine Seele die geplanten Aufgaben des bevorstehenden Lebens frei und unvoreingenommen angehen kann, entscheidet sie, welches Wissen sie mit in diese Inkarnation nimmt beziehungsweise auf der anderen Ebene zurücklässt. Manche Erfahrungen bauen auf dem bereits erlangten Wissen auf. Andere Erkenntnisse bedürfen einer neuen Sichtweise, für welche unser bereits vorhandenes Wissen uns den Blick versperren kann und so die Integration der neuen Erfahrungen erschweren oder gar verhindern kann. Da uns eben dieses alte Wissen davon abhält, neue Blickwinkel einzunehmen und ganz andere Möglichkeiten zu erkennen und auszuprobieren, kann es unter Umständen notwendig sein, das neue Leben ohne dieses Wissen anzutreten. Auch aus diesem Grund wechselt die Seele in unterschiedliche Leben und Körper und bringt nur das Wissen mit in die neue Inkarnation, welches ihr auf dem neuen Lebensweg behilflich sein kann. Deshalb kannst du während deines Erdendaseins nicht auf das allumfassende Wissen deiner Seele zurückgreifen, sondern nur auf einen vergleichbar geringen Teil ihrer umfangreichen Erkenntnisse und Weisheiten.

Zudem: Wäre es nicht langweilig, wenn wir immer wüssten, wie wir uns richtig verhalten? Wäre es nicht uninteressant, wenn wir eine Gebrauchsanleitung für unser Leben hätten, die wir nur Schritt für Schritt genau befolgen müssten, um an das vorgegebene Ziel zu kommen? Vielleicht gehörst du auch zu der Generation, die in den 70er Jahren voller Eifer versuchte den „Zauberwürfel“ so zu drehen, dass jede der sechs Würfelflächen nur eine Farbe zeigte. Doch waren nicht Zauber und Reiz dieses Würfels verflogen, nachdem wir die ausführliche Anleitung zur Handhabung dieses Würfels studiert hatten, mit der wir in kürzester Zeit die Aufgabe erfüllen konnten?

Das Leben ist ein Spiel, vielleicht sogar ein Zauberwürfel. Deine Seele hat sich einige Aufgaben für dieses Leben vorgenommen. Ohne Gebrauchsanleitung! Lass dich auf seinen Zauber und seinen Reiz ein, experimentiere. So, wie es immer wieder möglich ist, den „Zauberwürfel" derart zu drehen, dass er sechs unterschiedliche einfarbige Flächen hat, so ist auch deine Seele jenseits dieses Erdendaseins immer wieder vollkommen in der Einheit.

Ich wiederhole: Alles, was ist, ist Teil der Einheit, geboren aus dem göttlichen Gedanken. Alles ist eins. Alles jenseits des momentan wahrgenommenen Zustands ist göttlichen Ursprungs. Auch du.

Gibt es Unterstützung auf unserem Weg durchs Leben?

Während unseres Erdendaseins hat unsere Seele nun einen großen Teil ihres Wissens und ihrer Weisheiten zurückgelassen. Dies hat zur Folge, dass wir als Mensch unsere Erfahrungen zunächst „ohne Gebrauchsanweisung" machen müssen. Da ist es verständlich, dass uns nicht alles beim ersten Versuch so gelingt, wie wir es uns wünschen. So, wie ein Laie beim Aufbau eines Möbelstücks – ohne Gebrauchsanleitung – auch hin und wieder mal zwei Teile falsch zusammensetzt oder erst ausprobieren muss, welche Schraube an die richtige Stelle gehört, so müssen auch wir auf unserem Lebensweg manchmal ausprobieren und experimentieren, um zu erkennen, was für uns richtig ist und wie wir am besten zurechtkommen. Haben wir zwei Teile eines Möbelstücks falsch zusammengeschraubt, so reicht es oft aus, diese wieder auseinanderzumontieren und eine andere Variante auszuprobieren.

Doch nicht immer ist das Leben mühelos und umkompliziert. Nicht immer haben wir die Gelegenheit, unser Handeln unbeschadet rückgängig zu machen und eine andere Lösung zu erproben. Manchmal unterläuft uns auch die eine oder andere kleinere oder größere Panne. Bleiben wir bei unserem Beispiel: Wenn wir, um die Möbelteile zusammenzubauen, an der falschen Stelle Löcher gebohrt haben oder gar mit der Säge versucht haben, die Teile passend zu machen, so bleiben doch Schäden beziehungsweise Wunden zurück. Diese Schäden oder Wunden sind, auf unser Leben übertragen, unangenehme oder gar schmerzhafte Erfahrungen. Sind wir aufmerksam und erkennen unsere „Fehler", lernen also unsere Lektion, so haben wir die Chance, diese „Missgeschicke" in einer ähnlichen Situation zu vermeiden und andere, unter Umständen angenehmere, Erfahrungen zu machen.

Wir lernen aus ihnen und versuchen, die gewonnenen Erkenntnisse bei unserem künftigen Denken und Handeln zu berücksichtigen, indem wir sie sinnvoll nutzen und so angenehme beziehungsweise zufriedenstellende Ergebnisse erreichen.

Obwohl uns jede Panne eine neue Erfahrung schenkt, die zudem leider manchmal auch schmerzhaft ist, besteht nicht immer die Notwendigkeit, durch unangenehme Erlebnisse unsere Erkenntnisse zu erweitern. Manchmal ist es hilfreich, frühzeitig einen „Fachmann" um Hilfe zu bitten.

Genauso, wie wir in Handwerk und Technik einen Kundendienst finden, der uns mit Rat und Tat behilflich ist, so stehen uns auf unserem Lebensweg Tag und Nacht, auch an Sonn- und Feiertagen, die Engel zur Seite. Und das sogar zum Nulltarif!

Da die Engel nach der Trennung der Einheit in ihrer hohen Schwingung geblieben sind, verfügen sie über eine starke Energie und sind der schöpferischen, göttlichen Kraft weiterhin sehr nahe. So können sie uns auf unserem Lebensweg unterstützen und beistehen.

Was verstehen wir unter einem Engel?

Obwohl sich das Wesen der Engel nicht verändert, haben sich doch die Vorstellung und das Bild, das wir uns von ihnen machen, im Laufe der Zeit ein wenig gewandelt. Dies mag daran liegen, dass auch unser Bild von Gott nicht mehr ganz mit den Vorstellungen von einst übereinstimmt. Während wir heute

Gott als gütigen Schöpfer erkennen, der dem Menschen seinen freien Willen schenkt, damit er seinem Plan entsprechend handeln kann, galt er doch im Alten Testament als strafender Herrscher über Himmel und Erde. So ist es auch nicht verwunderlich, dass die Menschen seine Helfer früher auch als gewaltig und kämpferisch wähnten. Entsprechend grüßten diese mit den Worten: „Fürchte dich nicht!“

Der Begriff Engel entstammt dem griechischen "angelos" und bedeutet "Bote Gottes". Als Abgesandter Gottes übermittelt er dem Menschen Gottes Wunsch. So verkündete beispielsweise der Erzengel Gabriel der Jungfrau Maria, dass sie Gottes Wunsch entsprechend einen Sohn empfangen werde, den sie Jesus nennen solle.

Doch so, wie ein Bote nicht allein die Nachricht seines Auftraggebers überbringt, sondern auch die Antwort des Empfängers an jenen weiterleitet, so können die Engel auch unsere Anliegen an Gott übermitteln. Daher sind sie nicht allein Boten Gottes, sondern auch Mittler zwischen Mensch und Gott. Wir können uns mit unseren Bitten und Wünschen an diese himmlischen Wesen wenden, um Hilfe und Unterstützung zu erhalten.

Heute wissen wir, dass die Engel Teil der göttlichen Kraft sind und mit uns Menschen, wie auch mit allem, was ist, die Einheit bilden. Daher besitzen sie die Fähigkeit und den Wunsch, uns während unseres Erdendaseins zu unterstützen. Um es auf einen Nenner zu bringen: Engel sind unsere himmlischen Helfer.

In alten Darstellungen, die wir zumeist in den Kirchen finden, sehen wir die Boten Gottes als menschenähnliche Wesen mit großen Flügeln. Sie tragen häufig die Kleidung eines Kriegers und halten ein Schwert in ihren Händen. Diese Bilder dürften der menschlichen Vorstellung unserer Vorfahren entspringen, mit der sie wohl versuchten, dem ihnen Unerklärlichen eine Gestalt zu geben, um es sichtbar und so für sich verständlich zu machen.

Wie wir später erfahren werden, begegnen uns die Engel in

der Form und Gestalt, die der Fähigkeit unserer Wahrnehmung entsprechen. Da in früheren Zeiten nur wenige Menschen eine Begegnung mit diesen himmlischen Kräften hatten, deren Beschreibung zudem schwer in Worte zu fassen war, machten sich unsere Vorfahren häufig ihre eigenen Bilder. So gaben sie ihnen, dem Bild eines irdischen Boten folgend, menschenähnliche Gestalt, die jedoch, der Macht Gottes entsprechend, gewaltig war und den Menschen an Größe überragte. Um vom Himmel, wo man den Aufenthaltsort Gottes wähnte, an dessen Seite die Engel weilten, zur Erde zu gelangen, mussten die Engel, der Vorstellung der Menschen entsprechend, wie ein Vogel fliegen können. So ist es zu erklären, dass man ihnen in den Darstellungen große Flügel verlieh, die es ihnen ermöglichten zu fliegen. Da die Engel aber auch als Kämpfer Gottes gegen das Böse galten, ist es auch verständlich, dass sie als dessen Soldaten mit Rüstung und Schwert dargestellt wurden.

Doch die bildliche Vorstellung der Engel wandelte sich im Laufe der Zeit. So wurden beispielsweise in der Frührenaissance bis zum Rokoko die Engel als kleine unbekleidete Kinder, die sogenannten Putten, dargestellt.

Heute sind ihre Darstellungen wohl so vielfältig wie nie zuvor. Zwar erwartet die Mehrzahl der Menschen auch heute noch, dass sich ihnen die Engel in menschenähnlicher Gestalt zeigen, doch hat sich ihr Aussehen in unserer Vorstellung erneut verändert und unserem Zeitgeist angepasst. So haben sie beispielsweise in den modernen Darstellungen längst ihre Rüstungen und Schwerter abgelegt. Engel werden zwar zum Teil immer noch als große und mächtige Wesen dargestellt, doch die Strenge in ihrem Gesicht ist überwiegend einem verständnis- und liebevollen Blick gewichen. Oft haften ihnen sogar Zeichen der kleinen menschlichen Laster an, die sie uns so vertraut und ähnlich machen. Mit ihrem verständnisvollen Lächeln gleichen sie dem Freund, der uns stets mit Rat und Tat zur Seite steht.

Vielen Dingen wird heute die Gestalt eines Engels gegeben. So finden wir beispielsweise Schlüsselanhänger und Kerzenständer in Form von Engeln. Doch auch als Kunstwerke aus Holz,

Ton, Glas, ja sogar aus Blech und Draht treffen wir sie immer häufiger an. Sicher entspringen diese „himmlischen Wesen" der menschlichen Kreativität und auch die Industrie wittert, aufgrund der derzeitigen starken Aufmerksamkeit hinsichtlich der Engel, hier ein Geschäft. Wenn auch oft nur als Dekoration verwendet, drücken sie doch häufig den Wunsch und die Sehnsucht nach himmlischer Hilfe aus.

Ja, wir leben in einer Zeit, in der wir verstärkt auf die Hilfe der Engel hoffen, denn die Zeit ist so schnelllebig geworden und unterliegt einem ständigen Wandel. Das macht es notwendig, dass wir neue Entscheidungen treffen müssen, für die uns oft Erfahrungswerte fehlen. Es gibt kaum noch die Möglichkeit auf Althergebrachtes, Traditionelles und Gewohntes zurückzugreifen. Vieles, was früher von Generation zu Generation weitergegeben wurde, hat heute längst seine Gültigkeit verloren, ist überholt, unbrauchbar geworden. Wir können schon beinahe mit Gewissheit sagen: Was heute noch gilt, ist schon morgen „Schnee von gestern".

Da wir uns dem Leben häufig ausgeliefert fühlen und wir keinen Rat finden, suchen wir die Hilfe auf einer anderen Ebene. Wir erinnern uns daran, dass es eine höhere Macht gibt, die uns liebt und die bereit ist, uns zu unterstützen. So wenden wir uns an die Engel und bitten diese zuverlässigen Helfer darum, uns zu beschützen, zu beraten und zu unterstützen.

Doch was ist nun ein Engel?

Wir erinnern uns: Alles, was ist, wurde aus der Urenergie, der Mutter allen Seins und aller Seelen, geboren. Alles ist Energie, die lediglich unterschiedlich schwingt und von deren Schwingungshöhe eine eventuelle Verdichtung abhängt. Daher sind die Engel, genauso wie auch du, reine göttliche Energie. Entgegen deiner Seele, die für ihr Erdendasein ihre Schwingung herabgesetzt hat, um sich zu verdichten und in der Materie Erfahrungen zu sammeln, haben die Engelenergien ihre hohe Schwingung bewahrt. Aufgrund dieser hohen Schwingung haben sie sich nicht verdichtet und sind daher in der Regel nicht zu sehen. Und doch sind sie stets an deiner Seite.

Vergleichbar dem elektrischen Strom, von dem du weißt, dass – obwohl unsichtbar – es ihn gibt und du ihn nutzen kannst, stehen uns die Engel, zuverlässiger noch als der Strom aus der Steckdose, jederzeit zur Verfügung, sind bereit uns zu helfen. Während du jedoch zum elektrischen Strom erst eine Verbindung schaffen musst, indem du beispielsweise durch Betätigung des Lichtschalters eine Lampe zum Leuchten bringst, bist du mit der Engelenergie bereits verbunden. Es bedarf lediglich eines Auftrages, einer Bitte an die Engel, damit sie für dich tätig werden können.

Als Mensch verfügen wir über den freien Willen. Da wir auf der Erde sind, um Erfahrungen zu sammeln, benötigen wir auch die Entscheidungsfreiheit hinsichtlich unseres Handelns und Denkens. Wir haben daher die Möglichkeit, unser Leben so zu gestalten, wie es uns richtig erscheint. Auch, wenn wir hin und wieder erkennen müssen, dass es so, wie wir es uns gedacht haben, nicht geht, wird uns doch aus den himmlischen Sphären nicht vorgeschrieben, wie wir uns zu verhalten haben und wie wir unser Leben gestalten müssen. So bringen wir uns von Zeit zu Zeit in Situationen, aus denen wir selbst wieder herausfinden müssen. Da wir selbst die Möglichkeit haben, unsere Entscheidungen zu treffen, können wir keinen Gott dafür verantwortlich machen, wenn wir auf unserem Lebensweg auf Schwierigkeiten stoßen oder in Nöte geraten. Wir sammeln Erfahrungen. Diese sind nicht immer erfreulich, aber letztendlich schenken sie uns neue Erkenntnisse.

Wir sind auf dieser Erde, um uns zu entwickeln, eben durch Erfahrungen und Erkenntnisse. Doch gibt es immer mehrere und auch unterschiedliche Möglichkeiten diese zu erlangen. Es ist in der Regel nicht unbedingt notwendig, die Erfahrungen auf eine schmerzhafte oder leidvolle Art und Weise zu machen. Wir haben zwar unseren freien Willen, doch ist es uns auch gegeben, Rat und Unterstützung einzuholen. Meistens finden wir diese

Hilfe in unseren Mitmenschen, unserer Umgebung, die uns durch ihre Erfahrungen beraten und behilflich sein können. Auch sie sind, wie du und ich, göttliche Energie, die nur vorübergehend ihre Schwingung herabgesenkt hat. Doch wir haben auch die Möglichkeit, uns an die höhere Energie, die Engel, zu wenden und diese um Hilfe zu bitten. Sie besitzen den Vorteil, dass sie aufgrund ihrer höheren Schwingung über stärkere Kräfte verfügen und den Zugang zu allem Wissen und allen Weisheiten haben. Nehmen wir doch ihre Hilfe an! Laden wir sie ein, an unserem Leben teilzunehmen!

Dürfen uns die Engel immer helfen?

Die Engel sind gern bereit dir zu helfen, dich zu beschützen und dir mit Rat und Tat zur Seite zu stehen, wenn dies deinem Wohle und dem aller Beteiligten dient. Sie warten nur auf deinen Auftrag. Da du aufgrund deines freien Willens selbst entscheidest, welchen Weg du gehen möchtest, ist es ihnen, abgesehen von ganz wenigen Ausnahmen, nicht erlaubt, ungefragt einzugreifen. Sie dürfen dir deine Entscheidungen nicht abnehmen oder ungefragt dein Leben beeinflussen.

Wie schon zuvor erwähnt, hat deine Seele ihr Erdendasein geplant, auch wenn du dich mit deinem menschlichen Bewusstsein nicht mehr daran erinnern kannst. So ist es also notwendig, dass du in bestimmte Situationen gerätst, dir gewisse Begegnungen widerfahren und du manchen Ereignissen ausgesetzt wirst, um die deinem Plan entsprechenden Erfahrungen machen zu können und die fehlenden Erkenntnisse zu integrieren.

Sofern eine solche Situation aufritt, ist es wichtig diese zu durchleben und bestmöglich zu meistern. Der Lebensplan deiner Seele ist vorrangig und darf von niemandem, außer deiner eigenen Seele, geändert werden. Darum dürfen auch die Engel in solche Geschehnisse, die dazu bestimmt sind, deine Erfahrungen und dein Wissen zu vergrößern, weder eingreifen noch diese verhindern. Doch darfst du sie jederzeit um Rat und Beistand bitten, damit du die nötigen Erkenntnisse möglichst angenehm und schmerzlos erlangen kannst.

Wir alle sind miteinander verbunden, sind Teil der Einheit. Daher hat das Befinden unserer Mitmenschen, Mitgeschöpfe und Umwelt auch immer einen Einfluss auf unser Dasein. Es ist deshalb auch möglich, sogar empfehlenswert, dass du die Engel nicht nur für deine persönlichen Belange in Anspruch nimmst, sondern auch um Hilfe für andere bittest. Jedoch immer mit dem Zusatz „...wenn es zum Wohle aller Beteiligten ist". Es ist durchaus möglich, dass du für deine Mitmenschen Hilfe erbittest, welche sie aber zurzeit noch nicht bereit sind anzunehmen. Vielleicht ist es dir selbst schon einmal passiert, dass dir jemand gute Ratschläge geben wollte, du diese aber ablehntest, weil du selbst deine eigenen Erfahrungen sammeln wolltest.

Ein anderer Weg führt oft auch zu einem anderen Ziel. Doch wer sagt, dass dieses Ziel nicht auch erstrebenswert ist? Ich möchte dir dies an einem Beispiel erklären: Ein Freund rät dir, den Beruf des Goldschmieds zu erlangen, da er meint, du besitzest das Interesse und das Geschick für dieses Handwerk. Er hilft dir auch gern, einen geeigneten Ausbildungsplatz zu finden. Zudem kannst du darauf vertrauen, dass er dich auch die ganze Zeit über auf jede erdenkliche Weise unterstützt. Doch wenn es dein inniger Wunsch ist, Architekt zu werden, ist es verständlich, dass du alles versuchen wirst, um an dein Ziel zu gelangen.

Es mag kein Zweifel bestehen, dass dir beide Berufe Erfolg und Freude bringen würden. Doch ein anderes Ziel verlangt nach einem anderen Weg. Du besitzt deinen freien Willen, und du lebst dein Leben. Du hast dein Leben für dich geplant und benötigst die Erfahrungen, die du aufgrund deiner Entscheidungen erlangst. So ist es auch verständlich, wenn du dem Weg folgst, der zu deinem Ziel führt, auch wenn der Freund es noch so gut mit dir meint.

Es mag dich vielleicht verwundern, doch selbst jede Krankheit hat einen Sinn, da sie eine Lernaufgabe beinhaltet. Durch eine Krankheit ergeben sich in der Regel Umstände, die vom Normalfall abweichen. Diese Umstände erfordern oft ein anderes

Verhalten, das wiederum ein Umdenken verlangt, welches zur Lösung der Lernaufgabe führen kann. Sofern der Mensch, meist unbewusst, nicht dazu bereit ist, diese Lösung auf anderem Wege zu finden, ist es auch nicht an der Zeit, gesund zu werden. Sollte er vorzeitig gesund werden, würde ihm die Chance der notwendigen Einsicht genommen.

Kannst du nun erahnen, warum deine Bitten um Hilfe immer zum Wohle aller Beteiligen sein müssen? Du darfst niemandem die Chance nehmen, die von ihm gewünschten und benötigten Erkenntnisse zu erlangen, auch wenn du es doch so gut mit ihm meinst und ihm nur das Beste wünschst.

Auch, wenn die Engel nicht immer helfend eingreifen dürfen, ist es dir jederzeit erlaubt, sie um ihren Rat zu bitten, damit es dir oder auch deinen Mitmenschen leichter fällt, eine Entscheidung zu treffen und den für dich beziehungsweise für sie richtigen Weg zu finden und zu gehen.

Vielleicht fragst du dich, ob die Engel nicht manches Mal überlastet sind, da doch gerade in der heutigen Zeit viele Menschen auf sie aufmerksam geworden sind und ihre Hilfe suchen. Diese Frage taucht nur so lange auf, wie du dein Augenmerk noch allein auf die uns bekannte Welt beschränkst. Wenn du lernst, die Unendlichkeit und Ewigkeit der Einheit mit all ihren dem menschlichen Bewusstsein unvorstellbaren Möglichkeiten zu erahnen, kannst du verstehen, dass die Engelenergie ebenso unbegrenzt ist wie das gesamte Sein. Du und ich, jedes Wesen, ob Pflanze ob Tier, jedes Element, ob Feuer ob Wasser, Materie und Antimaterie, ob auf Erden, im Universum oder darüber hinaus, alles ist Teil der Einheit, alles ist miteinander verbunden. Auch die Engel sind Teil der Einheit, mit allem verbunden. Sie sind also immer an deiner Seite. Nur unser menschlicher Verstand befürchtet vielleicht, dass sie zeitweise zu weit entfernt sein könnten, dass unsere Bitte um Hilfe sie möglicherweise nicht erreichen kann.

Zeit und Raum sind zwei Begriffe, in die unser Bewusstsein alles einzuordnen versucht. Dies ist für unseren Lebensweg und unsere Entwicklung auch notwendig. Doch gibt es Dinge, die unser menschlicher Verstand vielleicht zurzeit noch nicht oder nur schwer begreifen kann, was jedoch nicht an deren Existenz rüttelt.

Können wir die Engel wahrnehmen?

Wie nun schon mehrfach erwähnt, handelt es sich bei den Engeln um eine hohe, in der Regel körperlose, Energie. Aus diesem Grund sind die Engel für unser menschliches Auge auch normalerweise unsichtbar. Sie umgeben uns so wie die Luft, die wir einatmen und die wir ja auch nicht mit unserem Auge sehen können. Dies schließt jedoch nicht aus, dass wir die Engel wahrnehmen können.

Es gibt unterschiedliche Möglichkeiten, die Anwesenheit eines Engels zu erkennen. In der Regel besitzt jeder Mensch einen Sinn, der bei ihm besonders ausgeprägt ist und auf dessen Wahrnehmung er sich gut verlassen kann. Diesen Sinn nutzen die Engel gern, um sich jenen Menschen bemerkbar zu machen.

Einige Menschen haben eine verstärkte visuelle Wahrnehmung. Diese nehmen ihre Umwelt vorrangig mit den Augen wahr. Sie sehen oft mehr als andere Menschen. Schon an ihrem Sprachgebrauch kannst du sie erkennen, denn sie benutzen häufig Vokabeln, die mit dem Sehen zu tun haben. Um Aufmerksamkeit zu erregen, sagen sie möglicherweise: "Sieh mal!" Oder sie benutzen Sätze wie: "Mach doch deine Augen auf." Oder: "Das ist mir ins Auge gefallen." Dieser Typ Mensch wird höchstwahrscheinlich die Engel tatsächlich sehen. Ob dies nun als Bild vor dem inneren Auge geschieht oder sich tatsächlich ein Engel sichtbar vor seinem Auge manifestiert, ist auch von Fall zu Fall unterschiedlich. Jedoch ist die erstbeschriebene Erscheinung wohl häufiger anzutreffen.

Bei einer anderen Menschengruppe ist der Hörsinn besonders ausgeprägt, und so nehmen diese Menschen ihr Umfeld besonders mit Hilfe der Akustik wahr. Sie hören mehr als ihre Mitmenschen. Sie verstehen auch oft unterschwellige Botschaften eines Gespräches, da sie nicht nur verstärkt auf die Worte, sondern auch auf die Stimmen, die Betonung und den Tonfall achten. Du kannst diese Menschen daran erkennen, dass sie Worte benutzen, die sich auf das Hören beziehen. Sie beginnen ihre Gespräche nicht selten mit den Einleitungen: „Hör mal zu." Oder: „Hast du schon gehört?" Zu ihrem Sprachschatz gehören auch häufig Sätze wie: „Mach doch deine Ohren auf." „Was muss ich hören?" Oder auch: „Das ist ja unerhört!" Wer also einen starken Hörsinn besitzt, wird die Engel verstärkt akustisch wahrnehmen, wobei das Hören der Botschaft auf unterschiedliche Weise erfolgen kann. Einerseits ist es möglich, dass die Botschaft der Engel in klaren und deutlichen Worten durch eine Stimme gehört wird. Andererseits können die Engel ihre Worte auch telepathisch übermitteln, so dass sie als Gedanken empfangen werden. Diese sehr häufige Form der Wahrnehmung gibt uns leicht das Gefühl, wir hätten uns selbst die Antwort ausgedacht. Jedoch lerne zu vertrauen! Die Engel, mit denen wir energetisch verbunden sind, lenken unsere Gedanken so, dass wir ihre Hinweise und Botschaften darin erkennen können. Solange du deine Gedanken nicht ausschließlich auf deine Wünsche konzentrierst, kannst du wirklich darauf vertrauen, dass dir die erbetene Antwort von den Engeln gesandt wurde. Ich gestehe, dass es ein wenig Vertrauen und Erfahrung bedarf, doch diese werden sich beim ernsthaften Bemühen bald einstellen. Wenn du vertraust, wirst du bald erfahren, wann du die Stimme der Engel hörst und wann du „dir selbst etwas ausdenkst".

Manche Menschen sind besonders gefühlsbetont. Sie nehmen Botschaften über ihre Gefühle auf. Auch sie können wir mit Hilfe ihres Wortschatzes identifizieren, denn sie äußern sich u.a. durch folgende Aussagen: „Das habe ich doch gleich gespürt." Oder: „Das fühlt sich gut an." „Ich habe so ein Gefühl." Diese Personen werden die Anwesenheit der Engel spüren, ihre Nähe und Berührung wahrnehmen und fühlen, was die Engel ihnen mitteilen möchten.

Darüber hinaus haben einige Menschen den „richtigen Riecher", mit dem sie auch ihre Engelerfahrungen machen. Sie haben oft schon im Voraus „den Braten gerochen" oder ihnen

„stinkt es". Ihnen ist es möglich, die Anwesenheit der Engel zu riechen, ja auch durch einen bestimmten Duft wahrzunehmen, der oft Rosen oder aber auch anderen Aromen ähnelt.

Du siehst, wie vielfältig die Möglichkeiten sein können, um die Engel wahrzunehmen. Alle Wege sind richtig und hilfreich. Manchmal ist es auch möglich, die Anwesenheit und die Botschaft der Engel gleichzeitig auf verschiedenen Wegen zu erfahren. So, wie dir die Engel begegnen, ist es für dich richtig und entspricht deinem verstärkten Sinn.

Wie ist es möglich, die Engel zu sehen?

Da sich die Engelenergie durch Veränderung der Schwingung verdichten kann, ist es ihr in wichtigen Momenten möglich, sichtbar zu werden. So, wie sich die Schwingung der Wasserenergie verändern kann, sich beispielsweise Nebel in Tropfen wandelt und wie dieses Wasser durch niedrigere Schwingung die Gestalt von Schnee- und Eiskristallen annimmt, so kann sich auch die Engelenergie verdichten, um Form und Gestalt anzunehmen, damit sie dem menschlichen Auge sichtbar wird.

Doch nicht oft besteht die Notwendigkeit einer tatsächlichen Manifestation der Engelenergie, und darum bleibt uns das Bild der anwesenden Engel meistens verborgen. Nur wenige Menschen können wohl von dem Anblick eines manifestierten Engels berichten. Und doch können so viele von Engelerscheinungen erzählen. Es fällt vielen Menschen einfacher, etwas zu akzeptieren, was sie auch tatsächlich sehen oder zumindest hören oder fühlen können. Daher unterstützen uns die Engel, ihr Bild zu visualisieren oder sie mit einem unserer anderen Sinne wahrzunehmen.

Sind die Engel bereit, sich dir tatsächlich oder auch visuell zu zeigen, werden sie eine Form und Gestalt wählen, die deinen Vorstellungen und deiner Wahrnehmungsmöglichkeit entspricht, denn ihre Erscheinungsform ist unbegrenzt und an keine Vorgaben gebunden.

Wenn du also aufgrund religiöser oder künstlerischer Überlieferungen erwartest, dass dir ein Engel als menschenähnliches Wesen mit großen, federbedeckten Flügeln gegenübertritt, ist es durchaus denkbar, dass die Engelenergie für dich diese Form annimmt.

Da jedoch das wahre Wesen der Engel reine Energie ist, liegt es nahe, dass sie sich, sofern du nicht an das klassische Bild der Engelerscheinung gebunden bist, beispielsweise in Form von Energiewirbeln oder Farben zeigen.

Farben besitzen jeweils eine besondere Energie, die sich auf den Gesundheits- und Gemütszustand auswirkt und auf diese Weise die Bedürfnisse nach Heilung, Ruhe, Kraft, Wohlbefinden usw. fördern und unterstützen kann. So kann beispielsweise die Farbe Gelb, die uns an die lebensspendende Sonne erinnert, unsere Lebensfreude wecken oder das dunkle Blau des Nachthimmels zu unserer Beruhigung beitragen und unseren Schlaf fördern.

Da auch die Engelwelt um die Kraft und Wirkung der Farben weiß, macht sie sich deren Wirkung zu eigen und manifestiert sich in der Farbe, welche den Bedürfnissen der Hilfesuchenden entgegenkommt. Die Farben der Engel liegen in der Regel im Bereich des Farbspektrums des Regenbogens. Ergänzt werden sie durch Silber und Gold.

Wie nehme ich Kontakt zu den Engeln auf?

Es ist ganz leicht, mit den Engeln in Verbindung zu treten. So, wie du mit einem Freund sprichst oder ihm einen Brief schreibst, so kannst du auch mit den Engeln kommunizieren.

Sprich deine Engel einfach an. Rede mit ihnen oder denk einfach an sie und übermittle ihnen so deine Fragen und Wünsche. Alles ist eins. So bist auch du eins mit den Engeln beziehungsweise die Engel sind eins mit dir. Da die Engel mit dir verbunden sind, bereitet es ihnen keine Mühe, dich und deine Gedanken zu verstehen.

In einem Lexikon über Engel stieß ich auf die Frage, welche

Sprache denn wohl die Engel sprächen. Die Antworten der verschiedenen Religionen waren sehr unterschiedlich und amüsant. Die Muslime glaubten, die Engel sprächen arabisch, während die Juden und Christen davon überzeugt waren, dass die Engel hebräisch sprächen. Oje, da hätten wir „Normalgelehrten" der westlichen Welt aber schlechte Karten! Haben wir uns doch darauf verlassen, dass wir neben unserer Muttersprache Deutsch, mit den Fremdsprachen Englisch und Französisch, vielleicht noch ergänzend mit Spanisch und Italienisch, uns doch fast überall auf Gottes Erde verständigen könnten. Sollte es da etwa ausgerechnet mit dem Himmelreich Schwierigkeiten geben?

Liebe Leserin, lieber Leser, ich kann dich wohl beruhigen. So, wie wir uns auch mit unseren Mitmenschen, die uns nahestehen und mit denen wir durch das Band der Liebe verbunden sind, ohne Worte verstehen, so und sogar noch verständlicher können wir auch mit den Engeln auf telepathischem Wege kommunizieren. Unsere Bitten und Wünsche werden sozusagen in Schwingungen umgewandelt, die von den Engeln, deutlicher als vielleicht manches Wort, verstanden werden. So, wie du das Gestreicheltwerden durch eine liebende Person als zärtliche Berührung wahrnimmst, so erkennt auch die Engelwelt deine ausgesandten Signale.

Du benötigst weder ein Ritual noch eine bestimmte Formel, um mit den Engeln zu kommunizieren. Selbstverständlich kannst du, wenn es deinem Wunsch entspricht, einen feierlichen Rahmen schaffen, indem du Kerzen anzündest, schöne Musik hörst, Blumen aufstellst, Weihrauch abbrennst und/oder dich feierlich kleidest, so, wie du es vielleicht auch bei einem festlichen Anlass tun würdest. Doch in erster Linie kommt es darauf an, dass du bereit bist, die Engel zu empfangen und dass du deine Anliegen klar und deutlich formulierst.

Sprich ganz einfach so mit deinem Engel, wie du dich mit einem guten Freund unterhältst. Sei unbefangen, natürlich und geradeheraus, ohne umständliche Worte. Zu deinem Freund würdest du auch nicht sagen: „Darf ich mir erlauben, dich zu bitten ...?". Einfach, liebevoll und doch überlegt sollten also deine Worte sein. Ein Sprichwort sagt: „Überlege dir, was du dir wünschst, denn es könnte in Erfüllung gehen." Bittest du einen Freund, dir ein schönes Buch zu schenken, so solltest du auch ganz klar sagen, was du unter einem schönen Buch verstehst. Ein ledergebundenes Buch mit Goldschnitt, dessen Seiten jedoch leer sind, kann durchaus wunderschön sein. Doch wolltest du wirklich nur ein schönes Buch, oder war dir mehr an einem guten Inhalt gelegen? Du siehst, wie wichtig es ist, dass du deine Wünsche klar und deutlich formulierst.

Selbstverständlich kannst du dich, ebenso wie mit deinen Freunden, jederzeit mit deinen Engeln „treffen", um einfach nur mit ihnen zu plaudern, ohne dich mit einem bestimmten Anliegen an sie zu wenden. Eine solche belanglose Plauderei kann recht angenehm und hilfreich sein. Sicher hast auch du schon einmal die Erfahrung gemacht, dass du in einem lockeren Gespräch Informationen erhalten hast, die dir in der momentanen Situation oder bei einer späteren Gelegenheit recht gute Dienste leisteten. Dies kann auch in einem Engelgespräch geschehen. Während du der Engelwelt von dir und deinem Alltag oder deinen Erlebnissen berichtest, erhältst du manchmal Ideen, Ratschläge oder Entscheidungshilfen aus der geistigen Welt, die dir, wie du glaubst, als deine eigenen Gedanken durch den Kopf gehen. Versuche es! Du wirst erstaunt sein, was auf diesem Wege alles möglich ist. Setze dich einfach gemütlich hin oder nutze die Zeit vor dem Einschlafen oder Aufstehen, um dich ganz entspannt mit den Engeln zu unterhalten.

Um den Kontakt mit deinen Engeln ganz intensiv zu erleben, lohnt es sich auch, dass du dir etwas Zeit nimmst, um eine der in diesem Buch enthaltenen Meditationen durchzuführen und den Engeln auf diese Weise zu begegnen.

Du siehst, es ist ganz einfach, mit den Engeln in Verbindung zu treten.

Kannst du jeden Engel um Hilfe bitten?

Wir wissen inzwischen, dass alles eins ist, da ja alles Teil der einen und einzigen Einheit ist. Alles ist in seinem wahren Sein reine Energie aus der einen Urquelle. Und doch hast du vielleicht schon einmal von den unterschiedlichen Engelgruppen gehört, der sogenannten Engelhierarchie.

Der Ausdruck „Hierarchie" ist sicherlich hinsichtlich des Vorgenannten nicht ganz passend. Wissen wir doch, dass alles gleich, alles göttlich ist. Nichts ist besser, nichts ist schlechter. Somit ist auch nichts höherrangig. Der Unterschied liegt, wie ich nachstehend zu erklären versuche, in der Schwingung.

Ich habe zuvor die Energie der Engel mit dem elektrischen Strom verglichen. Erlaube mir, dass ich bei diesem Vergleich bleibe, da es sich doch beim Strom um eine dir wohl vertraute Energie handelt, deren Gefahren dir ebenso bekannt sein dürften. Dieser Vergleich soll dir helfen, meine Erklärungen leichter zu verstehen.

So, wie der Strom zunächst aus einem Kraftwerk fließt, so gibt es auch für die unendliche Energie, die uns durchströmt und umgibt, die eine Urquelle. Die Religionen nennen diese Urquelle Gott. Du kannst sie aber auch als Ursprung, Schöpfung oder Natur bezeichnen. Entgegen den vielen Kraftwerken auf unserem Planeten (deren Quelle wiederum die Urquelle ist) gibt es jedoch nur diese eine Urquelle. Aus dieser fließt nun unaufhörlich und unerschöpflich alle Energie.

Doch wie dir bekannt ist, muss die Stärke des elektrischen Stroms dem Bedürfnis angepasst sein. Ein Toaster würde mit Sicherheit verkohlen, wenn du ihn mit Hochspannung betreiben wolltest. Ebenso würde deine Waschmaschine keinen Mucks machen, würdest du sie an eine 1,5-Volt-Batterie anschließen.

Auch die Energie der Engel muss dem Bedürfnis angepasst sein und gegebenenfalls transformiert, das heißt, schwingungsmäßig verändert werden. Aus dieser Veränderung der Schwingung resultiert die Differenzierung der Engel, die vorwiegend von der Religion als „Hierarchie" der Engel bezeichnet wird.

Obwohl die Engelenergie sich von allein deinen Bedürfnissen anpasst und du dir keine Sorge darum machen musst ob die Energie des Engels, welchen du um Hilfe bittest, der richtigen Stärke entspricht, möchte ich dir im Folgenden, der Vollständigkeit halber, einen kleinen Einblick in diese „Hierarchie" geben.

Ich möchte dich aber vorab darauf aufmerksam machen, dass die nachstehend genannten „Aufgabenbereiche", besonders die der höheren Engel, wie auch deren Aussehen wohl ebenso auf menschlichen beziehungsweise religiösen Vorstellungen beruhen dürften.

Die Engelhierarchie

Seit alters her entspricht es wohl der Menschheit, die Gesellschaft mehr oder weniger rangmäßig einzugruppieren und somit Hierarchien aufzustellen. Früher waren die gesellschaftlichen Stände klar und deutlich abgegrenzt, während sich heute die Übergänge zum größten Teil verwischen. Meines Erachtens erwarteten daher die Menschen im Altertum wohl, dass es unter den Engeln eine ähnliche Ordnung geben müsse. Ich gehe davon aus, dass so die Hierarchie der Engel entstand. Da die Engel reine Energie aus ein und derselben Quelle sind, kann ich mir persönlich schwer vorstellen, dass unter ihnen eine Hierarchie existieren soll. Die Energie der Engel mag sich durchaus in der Höhe ihrer Schwingung unterscheiden, was jedoch keine Rangordnung erklärt. Auch die Stromenergie steht, je nach Bedarf, in unterschiedlicher Stärke zur Verfügung. Doch wer käme auf die Idee, beispielsweise Starkstrom, Haushaltsstrom und Batteriekraft in eine Hierarchie einzuordnen! So, wie der Strom je nach Verwendungszweck einer bestimmten Stärke bedarf, so wird auch für die verschiedenartigen „Einsätze“ der Engel eine unterschiedliche Schwingung beziehungsweise Kraft benötigt.

Während ich, wie auch viele andere Menschen, von Begegnungen und Kontakten mit Engeln der dritten Gruppe dieser „Engelhierarchie“ berichten können, erscheinen mir einige Aufgaben der Engel der ersten und zweiten Gruppe sehr theoretisch. Ich vermute, dass einige der nachstehend genannten Aufgaben, die eine Tätigkeit zu Ehren und zum Dienste Gottes umfassen, auf den menschlichen Vorstellungen des Altertums basieren. Danach wurde Gott als König, ähnlich einem irdischen König gesehen, dem in noch stärkerem Maße als dem irdischen Herrscher Ehre und Würde zu erweisen waren. Diese Dienste wurden den in der „Hierarchie“ ranghöchsten Engeln übertragen.

Liebe Leserin, lieber Leser, du magst es mir nachsehen, dass ich für mich selbst Zweifel hinsichtlich dieser Aufgaben hege, da mir allein ihre Notwendigkeit fragwürdig scheint, zumal wir heute doch wissen, dass wir uns unter „Gott“ kein körperliches

Wesen vorzustellen haben. Doch möchte ich noch einmal erwähnen, dass diese Bedenken hinsichtlich der Hierarchie und einiger Aufgaben der „höheren“ Engel meine persönlichen sind und durchaus auf meiner diesbezüglichen Unwissenheit beruhen mögen. Doch zweifeln heißt nicht widerlegen, ebenso wenig möchte ich dich in deinem Glauben beeinflussen.

Trotz meiner Bedenken möchte ich dir aber der Vollständigkeit halber, wie schon zuvor erwähnt, die angenommene Hierarchie der Engel und deren Aufgaben nicht vorenthalten. Die folgenden Erklärungen beruhen auf meinen Recherchen aus Lexika und anderen Werken:

Die Hierarchie der Engel wird von den *Seraphim, Cherubim* und *Thronen* angeführt, deren Schwingung die höchste unter den Engeln ist. Sie sollen das Göttliche in den Menschen wecken und den Glauben an Gott stärken. Die Energie der Engel dieser Gruppe haben im Vergleich zu den anderen Engeln die höchste Schwingung. Ihnen obliegt es nach menschlicher Vorstellung, Gott direkt zu dienen und ihn zu unterstützen.

Die *Seraphim*, die Engel mit der höchsten Schwingung, werden als die Engel der Liebe, des Lichtes und des Feuers angesehen. Ihr Name leitet sich von dem hebräischen Wort Seraph ab, welches zu dem Wortstamm sarap gehört und mit „brennend“ übersetzt wird. Die Seraphim werden von Dionysius Areopagita als brennend in der Liebe zu Gott bezeichnet und daher mit "Entflammer" oder "Erglüher" übersetzt. Auf der Vorstellung beruhend, dass Gott der König auf einem Thron sitze, stellte man sich vor, dass sie seinen Thron umkreisten und ihm zu Ehren unerschöpflich das „Halleluja“ sängen. In der Kunst werden die Seraphim als Flügelwesen dargestellt, deren Gesicht von zwei Flügeln verdeckt wird. Zudem werden sie von roten Flammen, der Farbe der Liebe, umgeben.

Den *Seraphim* folgen rangmäßig die *Cherubim*. Das hebräische Wort Cherub lässt sich mit „Fülle der Erkenntnis Gottes” oder „Ergießung der Weisheit” übersetzen. Der Wortstamm Cherub ist verwandt mit dem assyrisch-babylonischen "ilu karibu", das „Vermittler zwischen Gott und Mensch“ bedeutet. Sie werden als die Engel der Weisheit, Vollkommenheit, Erkenntnis und Harmonie beschrieben, denen es obliegt, die göttlichen Pläne der *Seraphim* zu empfangen und aufzubauen. Die *Cherubim* gelten als Wächter des Thrones Gottes und des Paradieses sowie als Hüter der Bundeslade. Nach der christlichen, jüdischen und islamischen Überlieferung sind die *Cherubim* himmlische Wesen mit sowohl menschlichen als auch tierischen Eigenschaften. Sie werden häufig als Wesen mit vier Flügeln dargestellt, welche auf einem Rad stehen. Gelegentlich sind sie auch als Mischwesen, Adler, Löwen oder Stiere zu sehen. Diese symbolisieren ihre dem Menschen entsprechende Geistigkeit, ihren dem Adler gleichen Scharfblick, ihre dem Löwen ähnliche Macht, sowie die dem Stier entsprechende Kraft. Das Gewand sowie die Hautfarbe der *Cherubim* werden, ebenso wie deren Flügel, häufig blau dargestellt, da Blau - der mittelalterlichen Farbsymbolik entsprechend - die Farbe der geistigen Erkenntnis war.

Die Bezeichnung der *Throne* beruht auf dem griechischen "thronoi" beziehungsweise dem lateinischen "throni". Wie die *Seraphim* und *Cherubim* umgeben sie, der menschlichen Vorstellung entsprechend, den göttlichen Thron, um Gott anzubeten und zu lobpreisen. Sie empfangen unmittelbar das Licht der Erkenntnis, das sie an die zweite Engelsgruppe, die aus den *Herrschaften, Mächten* und *Gewalten* besteht, weitergeben. Sie gelten als standhaft und beharrlich, stark durch die Herzenskräfte des Mutes und der Opferbereitschaft sowie allen inneren Kräften, mit denen sie Gottes Willen ausführen. Ihnen wird die Aufgabe übertragen, den Menschen dabei zu helfen, ihr „Schicksal" bewusst anzunehmen und willensstark an deren Entwicklung zu arbeiten. In der Kunst werden sie meist mit kostbaren Gewändern und den Herrschaftsinsignien, wie Krone, Schwert, Zepter und Reichsapfel, dargestellt. Im Hebräischen heißen die Throne "Gagallin", was mit „großes Rad" übersetzt werden kann. Daher werden sie häufig auch als feurige Räder gezeigt.

Zur weiten Gruppe der Engel zählen die *Herrschaften, Mächte* und *Gewalten*. Sie gelten als die Engel, welche aller irdischen Schöpfung die lebendige Gestalt und Form geben. Zudem rechnet man es zu ihren Aufgaben, die Elemente Wasser, Feuer, Luft und Erde sowie die Mineral- und Rohstoffe zu behüten und über das Wachsen, Blühen und Reifen der Pflanzenwelt zu wachen. Da man ihnen die Sorge um die göttliche Ordnung anvertraut, haben sie das Gesamte mit seinen unzähligen Sternensphären zu verwalten und die Kräfte der irdischen Natur, also auch das Leben der Menschen, zu durchdringen. Nach dem Apostel Paulus werden sie auch Weltenlenker genannt.

Die *Herrschaften* lenken, dem Glauben entsprechend, die Welt nach dem göttlichen Plan und tragen die weisheitsvollen Gesetze von Schönheit und Harmonie in das Leben und Wirken der Schöpfung. Da ihre Energie der reinen Gnade zugesprochen wird, verzeihen sie alles. Sie helfen den Menschen, sich mit sich selbst auszusöhnen und sich selbst zu vergeben, um so Frieden im eigenen Herzen zu finden. Aufgrund ihrer majestätischen Würde werden sie häufig mit einem Zepter dargestellt.

Die *Gewalten*, auch Exusai oder Elohim genannt, gelten als die Beschützer der himmlischen Sphäre vor den negativen Einflüssen der irdischen Sphäre. Als Hüter der Grenze sorgen sie dafür, dass das „Böse" in der menschlichen Seele nicht überhandnimmt. Sie bringen allen die Dynamik und Kraft der göttlichen Energie. In der Kunst werden die Gewalten aufgrund ihrer Aufgabe als Beschützer der Grenze häufig mit einem Schwert oder Donnerkeil abgebildet.

Den *Mächten* werden sowohl unbeugsamer Mut sowie die stete Entschlossenheit, ihrem Schöpfer nachzueifern, zugesprochen. Sie sind der Überlieferung nach für die Bewegung der Himmelskörper zuständig und bewachen das physische Leben. Darüber hinaus unterstützen sie das Gute und helfen uns, unseren inneren Frieden, Harmonie und Gelassenheit zu finden. Hierbei sind sie jedoch nicht aufdringlich. Auch, wenn wir uns selbst unser Leben unnötig erschweren, akzeptieren sie unseren freien Willen. Sofern wir uns für unseren inneren Frieden entscheiden und gewillt sind, diesen zu leben, unterstützen sie uns und lehren uns, alles Dramatische und Lebensverneinende loszulassen, damit wir uns friedvoll und lichtvoll entwickeln können.

Die *Mächte* sind unsere Helfer in Notsituationen. Sie können jene Geschehnisse bewirken, die als Wunder bezeichnet werden.

In der dritten Engelgruppe finden wir die *Fürstentümer, Erzengel* und *Engel*. Sie sind die eigentlichen Boten Gottes und Mittler zwischen ihm und den Menschen. Als Begleiter der Seele sind sie dem Menschen besonders eng verbunden. Sie handeln im Hintergrund unserer Gedankenwelt. Ihre Energie ist auf unsere Bedürfnisse heruntertransformiert. Meinem Beispiel hinsichtlich des elektrischen Stroms folgend, entsprechen diese Engel der Spannung, die wir für unsere persönlichen Belange benötigen. Während der Erdentstehung haben diese Engel menschenähnliche Empfindungen durchlebt. Darum sind sie uns so nahe und haben Verständnis für unsere Gefühle und Gedanken. Ihre Geduld schöpfen sie aus ihrer göttlichen Verbundenheit und der Tatsache, dass ihre Existenz außerhalb von Zeit und Raum liegt, also in der Einheit und somit in der Vollkommenheit.

Die *Fürstentümer*, auch Archai oder Urkräfte genannt, sind die Beschützer der Menschheit, Städte und Nationen. Zu ihrer Aufgabe zählen der Schutz der Religionen und die Förderung der Entwicklung der Menschheit. Sie repräsentieren das Denken, die geistige Energie und das Bewusstsein. Als enge Mitarbeiter der Erzengel unterstützen sie unsere Eigenverantwortlichkeit.

Während die vorgenannten Engel den meisten Menschen größtenteils fremd sind, zählen die Erzengel zu jenen himmlischen Wesen, die uns doch schon mehr oder weniger vertraut sind. Sie stehen in der Hierarchie über den dienenden Engeln und sind deren Führer. Für uns sind sie von besonderer Bedeutung, da sie sich mit den größeren Bereichen der menschlichen Anliegen und Belange befassen und uns sehr nahestehen. Als Überbringer der Botschaften Gottes unterstützen sie uns bei unserer spirituellen Entwicklung. Ihre Energie ist enorm. Die Erzengel tragen Namen, die meistens mit der Silbe „-el“ enden, was sowohl "leuchten" oder "strahlen", als auch „Gott“ bedeuten kann. Dies macht deutlich, dass die Erzengel, wie auch alle anderen Engel, einen Aspekt Gottes verkörpern.

Aufgrund ihrer Wichtigkeit und ihrer Nähe zu uns Menschen möchte ich dir hier, liebe Leserin, lieber Leser, die bekanntesten Erzengel vorstellen.

Die Reihe der Erzengel wird von *Metathron* angeführt. Er wird der König der Engel genannt. Er bewacht das göttliche Licht und sorgt sich um unserere Wünsche. *Metathron* dient uns Menschen von ganzem Herzen und unterstützt uns dabei, unsere Intelligenz und unser Wissen liebevoll zu nutzen. Da er das Göttliche mit dem Menschlichen verbindet, hilft er uns auch, die spirituellen Wahrheiten und Wissenschaften zu erkennen und zu verstehen. Er überbringt die göttliche Liebe. Sein Licht ist weiß, golden und violett. Er ist aber auch in einem hellroten, mit Gold durchzogenen Licht zu sehen.

Die Aufgabe des Erzengels *Raphael* ist vorrangig die Heilung des Körpers, Geistes und der Seele. Er unterstützt uns darin, das "dritte Auge" zu öffnen, um unsere Intuition zu fördern, und er hilft uns, klare Gedanken fassen zu können. Ferner hilft er unserer Seele, mit Hilfe der Liebe zu heilen und dadurch zu wachsen. Er bewacht die Ganzheit und Unversehrtheit und behütet die heilenden Gedanken und die Seelenkräfte sowie das Herzzentrum. Als Regent der Sonne besitzt Raphael ein sonniges Gemüt. Darum wird er wohl als der freundlichste und lustigste der Engelschar bezeichnet. Sein Licht besteht aus Grüntönen, die bis hin zum Türkis und Silber reichen.

Den Erzengel *Michael* erkennen wir in den Darstellungen meist an seinem Lichtschwert oder der Lanze, denn er ist der höchste Kämpfer des Lichts, sowohl in der geistigen Welt als auch in der gesamten Schöpfung. Er besiegt die Kräfte der Finsternis und hilft uns Menschen, unser niederes Selbst zu überwinden, damit wir so Selbstbefreiung erlangen können. So vollendet Michael das innere Heil in Liebe und Brüderlichkeit im Sinne des Christus. Ferner gilt er als der Hüter des Karmas und des Emotionalkörpers, des feinstofflichen Körpers, in dem über Inkarnationen hinweg unsere unerlösten Emotionen und Charaktereigenschaften gespeichert sind. Wenn wir bereit sind, unterstützt er uns dabei, alte Gedankenmuster, Emotionen und Charaktereigenschaften aufzulösen. Auf unsere Bitte hin trennt er diese mit seinem Lichtschwert von uns ab. Seine Farben sind violett, indigo, rotorange und gelb.

Der Erzengel *Gabriel* gilt als Verkünder des Wortes, als Erlöser und Befreier sowie als Freiheitsengel Gottes. Er wacht über Geburt, Tod und Auferstehung. Gabriel führt die Seelen durch ihre Inkarnationen, schenkt Hoffnung, Liebe und Vergebung. Er kennt den göttlichen Plan, weiß um das Konzept der Vollkommenheit. Er unterstützt uns, die Wahrheiten zu erkennen. So hilft er uns, unsere Feinde zu verstehen und sie gar zu unseren Freunden zu machen. Er gilt als Schutzherr der Familie. Ihm obliegt es, die geistige Erkenntnis und Erfindungen zu übermitteln. Im Emotional- und Mentalbereich unterstützt er die Veränderung und Auflösung von Blockaden. Seine Energie schenkt Hoffnung und Freude. Sie ist erhellend und leuchtend. Gabriel begleitet jeden Neubeginn, damit dieser in göttlichem Einklang vollzogen werden kann. Darüber hinaus gilt er als der Engel des Aufstiegs, der Reinheit und der bedingungslosen Liebe. Gabriel verkündete Maria die Geburt Jesu. Er ist der Verkünder von Wahrheit, Enthüllung und Offenheit. Seine Farben sind hellblau und silberblau.

Dem Erzengel *Uriel* obliegt die geistige Führung, die Suche nach der Wahrheit und die Transformation der kosmischen Wahrheit in die irdische Ebene. Er inspiriert die Menschheit an Wendepunkten und zeigt dem Suchenden in der Finsternis den Weg und das Licht. Zudem behütet er den physischen Körper und bewacht die Umsetzung, Manifestation und Erfüllung sowie die Kreativität. Weiter hilft uns der Engel, mit der spirituellen Macht umzugehen und unser spirituelles Bewusstsein anzuheben. Seine Farben sind orange und orangerot.

Camael wird als Hüter des Weges, der menschlichen Beziehungen und der Partnerschaft bezeichnet. Seiner Bestimmung entspricht es, uns bei der Erfüllung unserer Lebensaufgabe zu helfen und unseren Lebensmut zu stärken. Weiter unterstützt er uns dabei zu akzeptieren, Dinge geschehen zu lassen und den „Sinn" hinter den Handlungen unserer „Feinde" zu erkennen. Durch diesen Engel werden die Gegensätze vereinigt. Er hilft uns, unseren inneren Schatten und Tiefen zu begegnen und diese zu erlösen. Während er uns lehrt, mit unseren Konflikten umzugehen, unterstützt er uns, indem er uns Mut und Stärke, Tapferkeit und Bestimmtheit schenkt. Die Farben *Camaels* sind orange und gold.

Der Erzengel *Haniel* wird der König der göttlichen Liebe genannt. Seine Aufgabe ist es, die göttliche, allumfassende Liebe, die Sanftheit, Zärtlichkeit, Verständigung und Kommunikation zu bewachen. Haniel hilft uns dabei, unsere Gefühle zuzulassen, Eigenverantwortung zu übernehmen und uns für Neues zu öffnen beziehungsweise uns neue Welten zu erschließen. Ferner vermittelt er uns Verständnis und göttliches Verzeihen. Zudem unterstützt er die Verständigung. Seine Energie verbindet das hohe Bewusstsein mit der irdischen Kraft, wobei jene uns gleichzeitig hilft, uns zu zentrieren, in unsere Mitte zu kommen und zu entspannen. Haniel erscheint in der Farbe Rosa.

Da wir uns mit den dienenden Engeln, zu denen wir auch unsere Schutzengel zählen, in den folgenden Kapiteln ausführlicher beschäftigen wollen, möchte ich meine Ausführung über die Engelhierarchie an dieser Stelle beenden.

Musst du die Engel mit Namen ansprechen?

Nach diesem kleinen Ausflug in den Aufgabenbereich der hoch- und höherrangigen Engel magst du dich fragen, welchen Engel du nun für deine aktuellen Belange ansprechen sollst. Daher wollen wir uns jetzt jenen Engeln widmen, die uns jederzeit bei all unseren großen und kleinen Anliegen und Sorgen beistehen.

Die uns bekannten Energien Strom, Wasser, aber auch Wind finden vielfache Verwendung in unserem Leben. So können wir beispielsweise die Energie des Wassers zum Waschen, Kochen, Putzen aber auch zum Antreiben von Turbinen und für vieles andere mehr nutzen. Schon die Einsatzmöglichkeit des Wassers ist enorm, doch die Energie der Engel übertrifft diese bei Weitem, denn wir können sie für all unsere Wünsche und Belange in Anspruch nehmen. Ihr Einsatz ist nahezu unbegrenzt. So steht uns für all unsere Angelegenheiten ein Engel zur Seite, der uns je nach Bedarf beschützt, berät und unterstützt.

Noch vor einiger Zeit hielt man es für notwendig, die Namen der Engel zu kennen, denen die unterschiedlichen Aufgabenbereiche zugeordnet waren. Man glaubte, nur so wäre es möglich, den zuständigen Engel anzusprechen und um Hilfe zu bitten. Zudem ging man von der Notwendigkeit aus, bestimmte Formeln oder Gebete sprechen zu müssen, die vielleicht noch durch Rituale zu unterstützen waren. Der Grund dafür dürfte sein, dass man die Engel nicht als Energie, sondern als verkörperte Wesen betrachtete und sie daher personifizierte. Da man sich im Altertum die Engel als menschenähnliche Wesen vorstellte, war der Gedanke naheliegend, dass deren Ansprüche auch denen der Menschen, also den eigenen, entsprächen. So war es für sie selbstverständlich, den Engeln einen Namen zu geben und sie auch mit diesem anzusprechen. Da jedermann das Handwerk ausübte, das er auch erlernt hatte, ging man davon aus, dass die einzelnen Engel sich gleichfalls auf ein Spezialgebiet konzentrierten und nur ihr jeweiliges „Handwerk" ausübten. Ebenso, wie man sich zur Anfertigung von Kleidern an den Schneider wandte oder zur Herstellung eines Möbelstücks den Tischler beauftragte, bat man auch den Engel um Hilfe, der sich nach der Ansicht unserer Vorfahren, auf das benötigte Fachgebiet spezialisiert hatte.

Heute wissen wir, dass Engel reine Energie sind. Da sie einer Quelle entströmen, handelt es sich bei genauer Betrachtung nur um eine einzige Energie, deren „Fähigkeit", sprich, Stärke und Kraft, sich den Bedürfnissen entsprechend angleicht. Daher kann uns *die* Engelkraft bei all unseren Nöten, Wünschen, Sorgen und sonstigen Belangen helfen. Sie findet ihren Einsatz dort, wo sie benötigt wird. Obwohl die Engel tatsächlich nur *eine* Energie sind, möchte ich sie doch der Gewohnheit entsprechend, nach ihrer Schwingung und gemäß den Belangen differenzieren und unterscheiden.

Um unsere Anliegen gleich zu vermitteln, benutze ich hier gewohnheitsmäßig die Bezeichnungen „Schutzengel", „Engel der Liebe“, „Engel der Heilung“ usw. Vergleichen wir die Engelenergie noch einmal mit der Energie des Wassers: Indem wir diese etwa mit Kühlwasser, Kaffeewasser, Putzwasser, Trinkwasser oder Badewasser bezeichnen, wissen wir ja auch gleichzeitig, wo diese Energie eingesetzt werden soll.

Die Bezeichnung hilft im Grunde nur einem schnelleren Erkennen des Zweckes, dem die Energie dienen soll. Doch auch ohne diese Namen steht uns die Engelkraft genauso problemlos zur Verfügung wie das Wasser.

Damit uns die Engel ihre Kraft spenden, ist es jedoch zunächst notwendig, sie überhaupt um ihr Tätigwerden zu bitten und unser Anliegen möglichst deutlich darzulegen.

Eine Bezeichnung des Engels, um dessen Hilfe du bitten möchtest, kann für dich selbst hilfreich sein. Manchmal spürst du vielleicht nur, dass du aus irgendeinem Grund Unterstützung benötigst, ohne vielleicht genau zu wissen, warum. Indem du überlegst, welcher Engel dir helfen könnte, bist du gezwungen, dich mit der augenblicklichen Situation auseinanderzusetzen und kannst so unter Umständen dein Thema erkennen. Du wirst dir vielleicht bewusst, dass deine unangenehme Stimmung von der Trauer herrührt, die du aufgrund eines Verlustes empfindest, oder dass du gereizt bist, weil du dich hilflos fühlst und nach Schutz sehnst. Du siehst, es ist doch sehr nützlich, sich vorab zu überlegen, wofür du die angeforderte Energie benötigst. Vor dem Aufdrehen des Wasserhahns überlegst du dir doch auch, ob du das Wasser zum Blumengießen oder zum Eierkochen benutzen möchtest.

Die Meditation mit den Engeln

Die Meditation mit den Engeln ist ein ganz besonderes Erlebnis. Du entrückst deinem Alltag, indem du dich entspannst und so auf eine andere, höhere Schwingungsebene gelangst. Hier bist du der Energie der Engel bereits ein Stückchen näher. Deine Wahrnehmung verändert sich, deine Sinne sind offen und aufnahmefähig. So fällt es dir leichter, mit den Engeln in Kontakt zu treten und ihren Rat anzunehmen.

Solltest du noch keine Übung im Meditieren haben, so sei nicht traurig, wenn du nicht gleich erfolgreich bist und deinem Engel begegnest oder seine Worte hörst. So wie ein I-Männchen nicht gleich schreiben und lesen kann und sich diese Kenntnisse erst Schritt für Schritt aneignen muss, so will auch das Meditieren erlernt werden. Da die regelmäßigen Phasen der Ruhe und Besinnung den meisten Menschen unserer westlichen Welt fremd sind, fällt es uns anfangs oft schwer, in die Stille zu kommen und diese zu genießen. Doch glaube mir, liebe Leserin, lieber Leser, mit Übung und ein wenig Geduld wirst auch du diese Technik meistern. Lass dir versichern: Es lohnt sich! Vielleicht wirst du die ersten Wahrnehmungen für „Einbildungen" halten, doch wie schon erwähnt, unterstützen uns die Engel und lenken unsere Gedanken. Es ist so einfach, dass wir es oft nicht für möglich halten.

Wenn du magst, kannst du einerseits frei, dass heißt ohne Anleitung, mit den Engeln meditieren. Andererseits hast du aber auch die Möglichkeit, dich mit Hilfe der folgenden Fantasiereisen führen zu lassen. Obwohl die Engel reine, unsichtbare Energie sind, werden sie in diesen Fantasiereisen, nicht zuletzt aufgrund meiner Wortwahl, möglicherweise für dich Gestalt annehmen. Wichtig ist jedoch, dass du deine persönlichen Eindrücke zulässt und dich nicht an meine als Hilfestellung gedachten Vorgaben gebunden fühlst. Lass es einfach geschehen. Alles ist richtig.

Im Folgenden findest du nun einige Fantasiereisen, die dich deinen Engeln näherbringen möchten. Da die Zahl der Einsatzmöglichkeit der Engelenergie wohl so groß und variabel ist, wie unsere Wünsche und Bedürfnisse selbst sind, scheint es mir unmöglich, dir hier für all deine Belange eine Meditation anzubieten. Doch versuche ich, einige der häufigsten Anliegen aufzugreifen, um dich bei der meditativen Kommunikation mit den Engeln anzuleiten und zu unterstützen. Sicher wird es dir im Bedarfsfall, nach etwas Übung mit einigen der folgenden Meditationen, möglich sein, mithilfe deiner eigenen Kreativität und des Beistands der Engel selbst den Kontakt zu dem Engel herzustellen, der zur Lösung deines Problems beitragen kann.

Nun möchte ich dich aber dazu einladen, anhand der Meditation den Kontakt zu den Engeln aufzunehmen. Falls du noch keine Meditationserfahrungen haben solltest, gebe ich dir hier noch einige kleine Starthilfen:

- Schaffe dir eine angenehme und ruhige Atmosphäre. Dazu solltest du zunächst einmal dafür sorgen, dass du weder durch das Telefon noch durch andere Personen gestört wirst. Schalte also nach Möglichkeit das Telefon und die Klingel ab. Bitte gegebenenfalls deine Mitbewohner, dich nicht zu stören und hänge vielleicht noch ein entsprechendes Schild an deine Tür.
- Wenn du magst, zünde eine oder mehrere Kerzen an, höre entspannende Musik.
- Du kannst auch eine Duftlampe benutzen, um den Raum mit einem angenehmen Aroma zu beduften.
- Nun wähle eine Meditation zu dem Engel aus, den du heute um Hilfe bitten möchtest. Die voranstehenden Texte sollen dich dabei ein wenig unterstützen.
- Nachdem du dich, beispielsweise mit der in diesem und nächstem Kapitel beschriebenen meditativen Einleitung, entspannt hast, beginne zu meditieren.

Hierzu hast du unterschiedliche Möglichkeiten:

- Entspanne dich, beispielsweise mit dem im Folgekapitel vorgegebenen Text.
- Sprich den Text der Meditation langsam und mit genügend Pausen auf eine Musikkassette, und höre ihn dir an.
- Lass dir den Text langsam und mit genügend Pausen von einem lieben Mitmenschen ganz ruhig vorlesen.
- Lies den Text Stück für Stück. Halte dabei inne, und lass in dir dabei die Bilder, Worte und Gefühle auftauchen.

Nimm dir nach der Meditation noch genügend Zeit, um ganz langsam zurück in deinen Alltag zu gelangen.

Erlaube mir noch eine Anmerkung: In den Meditationen benutze ich gern den Satz: „Alles wird *gleich* gültig." Hier spreche ich nicht die Gleichgültigkeit an, mit der wir in der Regel zum Ausdruck bringen, dass uns etwas nicht interessiert. Vielmehr sagen diese Worte aus, dass das eine genauso seine Berechtigung hat wie das andere. Alles ist gleich gültig, nichts mehr und nichts weniger. Durch die Sicht der gleichen Gültigkeit für alles, was ist, entsteht eine beruhigende Akzeptanz der Gegebenheiten. Wie ich in meinen Meditationskursen immer wieder feststellen kann, helfen gerade diese Worte „gleich gültig" (beide Wörter werden gleich stark betont), tief zu entspannen und loszulassen.

Und nun wünsche ich dir viel Erfolg und himmlische Engelbegegnungen!

Entspannung

Mach es dir nun ganz bequem.
Schließe deine Augen.
Achte nur auf deinen Atem.
Mit jedem Atemzug lässt du ein Stück des Alltags hinter dir.
Mit jedem Atemzug kommst du mehr in deine Mitte.
Lass auch deinen Atem ganz tief in deine Mitte sinken, und spüre, wie du mehr und mehr entspannst.

Dann stelle dir ein weißgoldenes Lichtband vor, das durch deinen Kopf fließt, von einer Ohrspitze zur anderen.

Stelle dir ein zweites Lichtband vor, das von deiner Stirn zum Hinterkopf verläuft, und konzentriere dich auf den Punkt, an dem sich beide Lichtbänder kreuzen.
Von diesem Punkt lass nun ein drittes Lichtband durch deinen Körper fließen, in die Erde hinein, durch alle Erdschichten hindurch, bis zum Mittelpunkt unserer geliebten Mutter Erde.

An diesem Lichtband schicke nun alles hinunter, was du jetzt nicht brauchst:

alle Gedanken
alles Unerledigte
alles, was nicht der Entspannung und dem Wohlbefinden dient.

Schicke alles an dem Lichtband hinunter. Du brauchst es dir nicht anzusehen. Gib es ab an Mutter Erde, die es für dich in positive Energien umwandelt, die dir später wieder zufließen werden.

Fühle, wie du immer leichter wirst, immer freier.
Lass nun auch den letzten Gedanken fallen, wie ein Herbstblatt im Wind.
Du bist nun vollkommen entspannt und genießt einen Moment die Ruhe und Stille in dir.

Was ist ein Schutzengel und wie kann er dir helfen?

Die Energie des Schutzengels ist ein Teil des unendlichen Energiestromes, der speziell deinen Belangen dient. Wenn wir auch ihn mit der Wasserenergie vergleichen wollen, so könntest du ihn als deine Privatquelle betrachten, deren Energie dir persönlich zur Verfügung steht.

Jedem Menschenkind steht ein Schutzengel zur Seite. Er hat die Aufgabe, diesen Menschen zu beschützen und zu behüten sowie Krankheiten und Gefahren von ihm abzuhalten, sofern diese nicht Teil seines Lebensplans beziehungsweise seines Entwicklungsweges sind.

Da uns unser Schutzengel nicht nur durch unser jetziges Leben begleitet, sondern uns während all unserer Inkarnationen zur Seite steht, können wir ihn als einen Teil unserer Seele betrachten. Aus diesem Grund sind wir ihm auch so sehr vertraut. Er kennt all unsere Lebensaufgaben und Ziele ebenso wie unsere Vorlieben, Schwächen und Stärken.

Während unsere Seele aus gutem Grund mit Eintritt in jedes neue Leben ihre Erinnerung an die früheren Ereignisse und Seinszustände verliert, ist unser Schutzengel von diesem „Gedächtnisverlust“ nicht betroffen und weiß so natürlich viel mehr über uns, als wir selbst derzeit aus unserem Tages- und Unterbewusstsein abrufen können. Unser Schutzengel weiß, was unsere Seele bereits erlebt und erfahren hat und welche Erkenntnisse sie dadurch erlangte. Ihm sind all unsere Verhaltensmuster und unsere Charaktereigenschaften vertraut. Da unser Schutzengel uns so gut kennt, weiß er selbstverständlich auch, welche Lektionen auf unserem Entwicklungsweg noch ausstehen, und so „sieht“ er natürlich auch, ob wir unserem Plan entsprechend handeln.

Da unser Schutzengel mit unserem Lebensplan vertraut ist, weiß er, welche Geschehnisse unsere Seele in dieses Leben eingeplant hat, um dadurch die noch ausstehenden Erkenntnisse zu erlangen, die ihr auf ihrem Weg zur Vollkommenheit noch fehlen. Es ist nicht ausgeschlossen, dass unsere Seele auch gewisse Gefahren mit in dieses Dasein eingerechnet hat. Vielleicht ist deine Seele zurzeit auf einem „Abenteuertrip“. Vergessen wir nicht, dass durchaus auch Krankheiten zum Lebensplan gehören, da auch diese unter Umständen zu den notwendigen Erkenntnissen beitragen können.

Über all dieses Wissen, das unsere Seele für die Dauer unseres Erdendaseins auf einer anderen Ebene zurückgelassen hat, verfügt unser Schutzengel. Wenn wir selbst auch nicht immer genau wissen, was für uns gut ist, so behält er doch stets den Überblick. Es mag dich nun nicht mehr verwundern, dass er auch weiß, wann wir unsere Aufgaben erfüllt haben und wann für unsere Seele die Zeit gekommen ist, ihren Körper zu verlassen, um wieder auf die jenseitige Ebene zu wechseln, um dort zu regenerieren und die Erfahrungen dieses Lebens zu verarbeiten.

Wie schon zu Anfang erwähnt, verbindet sich die Seele mit einem menschlichen Körper, um mit dessen Hilfe die Vielfalt des Seins zu erfahren. Nur mit seiner Unterstützung ist es ihr möglich, zu fühlen und zu handeln. Als reine Energie ist unsere

Seele selbst unverwundbar und unsterblich. Aus diesem Grund kann ihr selbst nichts zustoßen, wohl aber dem Körper, der ihr – wie dem Wasser beispielsweise der Krug – als „Gefäß“ für die Reise durch das Leben zur Verfügung steht.

Unsere Seele sammelt lediglich Wissen und Erfahrungen, die für sie letztendlich einen neutralen Wert einnehmen, ganz gleich, ob unser Bewusstsein sie in gut oder böse, positiv oder negativ, hilfreich oder nutzlos einordnet. Erst unser physischer Körper ermöglicht es uns zu fühlen und so die Wahrnehmungen etwa den Kategorien gut und schlecht, positiv oder negativ zuzuordnen. Aufgrund der Empfindungen und Gefühle unterscheidet er zwischen schmerzhaft und liebevoll, unangenehm oder wohltuend usw. Unser Körper, wie auch unser Geist, unterstützt die Seele bei ihrer Suche nach Erfahrungen und Erkenntnissen. Während unser Geist beispielsweise die Entscheidung trifft, wie wir uns in bestimmten Momenten verhalten, ist es unser Körper, der das Ausmaß der Entscheidung zu spüren bekommt. Aufgrund unserer körperlichen Wahrnehmung können wir meist beurteilen, ob wir die für uns „richtige“ Entscheidung getroffen haben.

Leider ist der Mensch ein Wesen, das oft erst aufgrund leidvoller oder schmerzhafter Erfahrungen bereit ist zu lernen. Obwohl wir zunächst die Möglichkeit haben, unsere Erkenntnisse in „harmlosen“ Situationen oder Begebenheiten zu gewinnen, lassen wir diese Chance manches Mal ungenutzt verstreichen. Dies macht es dann notwendig, dass wir deutlicher auf unser Thema hingewiesen werden müssen, damit wir endlich unsere Augen öffnen und erkennen. Um entsprechende Erfahrungen zu machen, stolpern wir vielleicht zunächst lediglich über einen Stein. Doch wenn wir nicht bereit sind, den Sinn für unser Stolpern zu erkennen, so müssen wir möglicherweise später gegen einen Felsen rennen, um endlich aufmerksam zu werden.

So, wie wir uns in gewisse Situationen hineinbegeben, um Erfahrungen zu machen, so weist uns auch unser Körper auf die Notwendigkeit hin, unser Bewusstsein zu erweitern. Durch Signale, das heißt, durch Unwohlsein oder Schmerzen, macht er darauf aufmerksam, dass wir möglicherweise etwas nicht beachten, was aber auf unsere fehlende Erkenntnis hinweist und woraus wir etwas zu lernen haben. Beispielsweise sagt uns eine tropfende Nase, dass wir „die Nase voll haben", weil wir momentan mit etwas nicht zufrieden sind. Es ist an der Zeit, dieses Etwas zu verändern. Im vorgenannten Fall sind wir möglicherweise gerade überlastet und sollten uns ein wenig mehr Entspannung oder Abstand gönnen, anstatt uns so wichtig zu nehmen und zu glauben, dass die Welt bei unserem Rückzug zusammenbräche. Vielleicht sollten wir in diesem Fall unser Ego betrachten und es etwas „zurückschrauben".

Sofern wir die kleinen Zeichen unseres Körpers nicht wahrnehmen oder diese nicht beachten, reagiert er mit Symptomen, um uns zu den notwendigen Einsichten und Erkenntnissen zu zwingen.

Übersehen wir die kleinen Fingerzeige im Alltag, wie etwa den vorgenannten Stein oder die tropfende Nase, so werden die Hinweise deutlicher, indem die Gefühle in unserem Körper unangenehm werden oder sogar mit Krankheit reagiert.

Kommen wir nun zu den Bemühungen unseres Schutzengels: Zunächst einmal ist er bestrebt, uns aus all jenen Situationen herauszuhalten, die nicht zu unseren Lernthemen gehören. Sofern wir dennoch in eine solche Situation geraten, versucht er, uns vor möglichen Schäden zu beschützen. Da wir jedoch vor unserer Inkarnation auch Absprachen mit anderen Seelen getroffen und uns bereit erklärt haben, ihnen bei der Erarbeitung ihrer Themen behilflich zu sein, ist es manchmal unumgänglich, dass wir auch in „gefährliche" Situationen geraten, die nicht unmittelbar zur eigenen Entwicklung beitragen. Besonders in diesen Momenten steht uns unser Schutzengel hilfreich zur Seite und breitet seine „Flügel" aus, um uns vor unvorhergesehenen „Unfällen" zu bewahren.

Befinden wir uns in den Situationen, die Teil unseres Lebensplans und für unsere Entwicklung unumgänglich sind, achtet unser Schutzengel darauf, dass uns das „Schicksal" nur insoweit ereilt, wie es für unsere Erfahrung notwendig ist. Natürlich handelt es sich bei den meisten „Einsätzen" unseres Schutzengels nicht um gefährliche, gesundheits- oder lebensbedrohliche Angelegenheiten. Diese sind doch auf die Vielzahl seiner Hilfeleistungen gesehen, die wir oft nicht einmal registrieren, realtiv selten. Oft sind es einfach Gespräche oder Begegnungen, die je nach unserem Verhalten und nach Entscheidung unseres Geistes angenehm, erfolgreich und zufriedenstellend oder unerfreulich, enttäuschend und ärgerlich enden. Auch hier ist unser Schutzengel wachsam. Er kann uns helfen, sofern wir dazu bereit sind, zu erkennen, welche Worte oder Handlungen in diesem Moment richtig sind, um die nötige Erkenntnis so angenehm wie möglich zu erlangen. Um also schon durch harmlose Anlässe unsere Erkenntnisse zu erweitern und so eventuelle schmerzhafte Erfahrungen abzuwenden, ist es möglich, unseren Schutzengel vor oder in gerade solchen Situationen um seinen Schutz und Beistand zu bitten.

Nicht immer gelingt es, eine Angelegenheit völlig unbeschadet durchzustehen. Doch mit der Hilfe unseres Schutzengels bleibt uns oft größerer Schaden erspart. Wie schon erwähnt, ist der Mensch manchmal erst durch Schmerz und Leid bereit, seine Augen für sein Thema und seine Lektion zu öffnen.

Wir dürfen nicht übersehen, dass alles in unserem unendlichen Universum einem bestimmten Rhythmus unterliegt, somit auch unser irdisches Dasein. So ist es ein unumstößliches Gesetz, dass jedes Leben mit der Geburt beginnt und mit dem Tod endet. Daran wird mit Sicherheit auch die größte medizinische Entdeckung nichts ändern. Es ist höchste Zeit, dass der Tod seinen Schrecken verliert und wir die Angst vor ihm überwinden. Aufgrund der Tatsache, dass unsere Seele durch die Geburt den Zugang zu dem allumfassenden Wissen vorübergehend verliert, um völlig neutral und „unbelastet" ihren Lebensplan zu erfüllen, ist für viele der Tod ein gefürchtetes Schreckgespenst. Scheint es doch so, als würde alles mit ihm enden.

Aus der Lehre der Physik wissen wir, dass alles Energie ist und nichts, wirklich nichts, verloren gehen kann. Es findet lediglich ein Wandel der Energien statt. Während die menschliche Materie, also der physische Körper, nach dem Tod zu Staub zerfällt und sich so nach und nach in seine einzelnen Bestandteile beziehungsweise chemischen Elemente auflöst, bleibt der energetische Teil des Menschen, die Seele, erhalten. Sie trennt sich von dem Körper, der nun seine Aufgabe erfüllt hat und daher nicht mehr benötigt wird, hebt ihre Schwingung wieder an und kehrt zurück in die ewige Einheit, den „ewigen Frieden". Hier findet die Seele zu ihrer ganzen Kraft, Stärke und Weisheit zurück. Sofern es ihr „Wunsch" ist, kann sie zu einem späteren Zeitpunkt wieder „erfrischt" in ein neues Erdendasein starten, um neue, unbekannte Aufgaben zu lösen und aus diesen weitere interessante Erkenntnisse zu erhalten, die ihr theoretisches Wissen durch körperliche Erfahrungen sinnvoll ergänzen.

Lass uns den Entwicklungsweg einer Seele mit einer Schullaufbahn vergleichen: Die Seele entschließt sich, irgendwann einmal zu inkarnieren, kommt also vergleichbar in die erste Klasse. So, wie ein Erstklässler schreiben, lesen und rechnen lernt, beginnt auch die Seele zu lernen, um Erkenntnisse zur Erfüllung ihrer Aufgaben zu erlangen. Hat das Schulkind den Lehrstoff erfolgreich erarbeitet, darf es nach den Ferien in eine höhere Klasse aufsteigen. Auch die Seele wechselt nach dem physischen Tod in ein neues Leben, um neues Wissen aufzubauen und alles zu vertiefen. So wie in den höheren Klassen neue Fächer zum Unterricht hinzukommen, so gilt es auch in den folgenden Leben sich mit neuen Themen auseinander zu setzen bzw. das bereits erlernte Wissen zu vertiefen, zu erweitern oder darauf aufzubauen. Am Ende eines jeden Schuljahrs wird der Schüler in seine wohlverdienten Ferien entlassen. Nun darf er Pause machen, seine Freizeit genießen, den Lernstress für eine Weile vergessen und sein Dasein frei und unbeschwert genießen. Wenn wir die Zeit nach unserem physischen Tod bis zur nächsten Inkarnation als sorgenfreie Ferien betrachten, in denen sich unsere Seele frei von allem Lernstress erholen und entspannen kann, warum sollten wir uns dann vor dieser Zeit fürchten?

Auch unser Schutzengel weiß, wann wir unser Lernpensum erreicht haben und es Zeit ist, den Unterricht für eine Weile zu vergessen, weiß also, wann die „Ferien" beginnen. Damit wir den „Übergang" so leicht wie möglich antreten können, steht er uns auch in dieser Stunde bei, gemeinsam mit dem Engel der Wandlung, den wir an späterer Stelle kennenlernen werden.

Du siehst, dein Schutzengel begleitet dich während deines gesamten Lebens. Stets steht er dir bei, ist bereit, Gefahren und Krankheiten von dir abzuwenden und dich bei der Erfüllung deines Lebensplans so gut wie möglich zu unterstützen. Doch nicht immer ist es ihm erlaubt, ungefragt in die Geschehnisse einzugreifen.

Es ist sinnvoll, dich mit ihm in Verbindung zu setzen, ihn anzusprechen und ihn zu bitten, dich zu unterstützen, schon frühzeitig zu erkennen, um möglichst schmerzlos und angenehm deine Lektionen zu lernen. Durch deine Kontaktaufnahme signalisierst du ihm, dass du bereit bist, ihm zuzuhören und seinen Rat und Schutz anzunehmen. Geduldig und liebevoll wartet er darauf, dass du dich mit ihm verbindest und ihn um Hilfe bittest, damit er dir helfen und dich unterstützen darf.

Alle Schutzengel sind geduldig und hilfsbereit. Sie freuen sich aber sicherlich auch hin und wieder über ein kleines Wort des Dankes und der Anerkennung. Meist sind wir uns ihrer Hilfe nicht einmal bewusst, wenn unser Alltag ruhig und friedlich verläuft. Doch gerade dann ist es sicherlich angebracht, unserem Engel zu danken, denn wir dürfen davon ausgehen, dass uns unser Schutzengel gerade an solchen Tagen gut behütet und uns vor unangenehmen Begegnungen und Situationen bewahrt hat. Nimm dir daher auch dann Zeit für deinen Schutzengel, wenn es dir gut geht und dich keine Ängste und Nöte plagen. Die nachstehende Meditation soll dir helfen, mit deinem Schutzengel in Kontakt zu treten.

Meditation: Dein Schutzengel

Stell dir vor, du sitzt im Licht des anbrechenden Tages an einem kleinen, stillen Bergsee. Ruhig und friedlich umgibt dich die Landschaft. Die schneebedeckten Gipfel sind vom goldenen Licht der aufgehenden Sonne überzogen. Ganz entspannt bist du, während du die frische, klare Bergluft einatmest und die Stille und Harmonie der frühen Stunde genießt.

In dir ist der Wunsch, deinem Schutzengel gegenüberzutreten. Daher öffnest du nun dein Herz, und voller Liebe rufst du deinen Schutzengel herbei. Bitte ihn, hier zu dir an diesen friedlichen Ort zu kommen.

Schon spürst du, wie sich dir eine liebevolle und starke Energie nähert. Vor dir erscheint in einem strahlenden Licht dein Schutzengel. Sei ganz ohne Erwartung. Dein Schutzengel wird sich dir so zeigen, wie es für deine Wahrnehmung richtig ist. Vielleicht erkennst du ihn als ein wunderschönes, leuchtendes himmlisches Wesen, so, wie du es von Bildern oder aus der Kirche kennst. Vielleicht erscheint dir aber auch ein helles, faszinierendes Licht in deiner Lieblingsfarbe, oder du hörst eine Stimme, nimmst eine sehr angenehme Energie wahr. Alles ist richtig. Lass dir Zeit, deinen Schutzengel zu erkennen.

Begrüße nun deinen Schutzengel. Es ist möglich, dass ihr euch die Hände reicht oder umarmt, vielleicht hüllt er dich in sein wundervolles Licht ein, oder du hörst seine Worte. Es gibt viele Möglichkeiten, um mit unseren himmlischen Helfern zu kommunizieren. Jede ist richtig. Jede ist gut.

Ganz gleich, wie dein Engel sich dir zeigt oder wie ihr miteinander kommuniziert, du spürst seine Kraft, seinen Schutz und ganz besonders seine Liebe. Ja, in seiner Nähe fühlst du dich geliebt, bist du behütet und geborgen.

Wenn du magst, so frage deinen Schutzengel nach seinem Namen, um ihn damit persönlich ansprechen zu können. Dein Schutzengel weiß alles über dich. Er begleitet dich seit Anbeginn auf all deinen Wegen. Er kennt deine Wünsche, Aufgaben und Ziele, weiß, was für dich gut und richtig ist.

Wie oft stand er dir schon hilfreich zur Seite? Vielleicht erinnerst du dich gerade jetzt an die eine oder andere Situation, die entgegen deinen Erwartungen doch ein gutes Ende nahm. Du hast jetzt die Gelegenheit, deinem Schutzengel dafür zu danken, dass er dich in all diesen Situationen vor Unheil, Schaden oder unangenehmen Dingen bewahrt hat. Danke ihm für die Krankheiten, die er von dir abgehalten hat, oder für seine Hilfe, diese überwunden zu haben. Nutze die Gelegenheit, ihm für den

Schutz, den er dir Tag und Nacht schenkt, und für seine Bemühungen, deinem Wohle zu dienen, zu danken.

Während du deinem Schutzengel deinen Dank aussprichst, spürst du mehr und mehr seine Liebe und Stärke. Du fühlst, wie dich seine Energie erfüllt und dir Kraft und Mut schenkt.

Wenn du für eine bevorstehende oder zu erwartende Situation seinen Schutz erbitten möchtest, so hast du nun die Gelegenheit dazu. Wenn dich Sorgen und Ängste quälen, so erzähle ihm davon. Bitte ihn um Rat, um zu erkennen, welches Verhalten in deinem Fall hilfreich ist. Bitte ihn um seinen Schutz, seinen Beistand und seine Hilfe. Lass dir Zeit.

Es ist möglich, dass es in deinem Leben Augenblicke gab, in denen du dich von deinem Schutzengel allein gelassen fühltest. Auch dies darfst du ihm jetzt sagen.

Dein Schutzengel erklärt dir, dass es Ereignisse gibt, die dir dazu dienen, deine Erfahrungen zu machen und Erkenntnisse zu sammeln. Diese sind leider nicht immer schön und erfreulich, doch unterstützen sie deine Entwicklung und dein Wachstum. In diese Situationen darf dein Schutzengel nicht ungefragt eingreifen, wie eingangs schon dargelegt. Er beteuert dir jedoch, immer zu versuchen, Schaden und Unannehmlichkeiten für dich möglichst gering zu halten, wenn nicht gar abzuwenden.

Wenn du ihn bittest, wird dich dein Schutzengel gern beraten, so dass du erkennst, wie du dich verhalten musst, um gefürchteten Ereignissen zu entgehen, oder wie du die eine oder andere Erfahrung auch ohne Gefahr oder Ärgernisse machen kannst. Sei offen für seine Hinweise.

Vielleicht hat dein Schutzengel heute auch eine Botschaft für dich. Frage ihn danach. Nimm dir Zeit.

Ganz allmählich geht die heutige Begegnung mit deinem Schutzengel ihrem Ende entgegen. Du hast aber auf jeden Fall genügend Zeit, um ihm all das mitzuteilen oder ihn all das zu fragen, was dir wichtig erscheint.

Auch, wenn nun der Augenblick des Abschieds kommt, weißt du doch, dass du deinem Schutzengel jederzeit wieder begegnen kannst. Du weißt, dass du ihn nur zu rufen brauchst und dass er sich über jeden Kontakt mit dir freut.

Verabschiede dich jetzt von deinem Schutzengel. Danke ihm für alles, was du heute von ihm erfahren durftest. Danke ihm noch einmal für seinen Beistand. Lass dich zum Abschied liebevoll von ihm umarmen, und spüre noch einmal seine Liebe, seine Kraft, den Schutz und die Geborgenheit, die er dir schenkt.

Langsam verblasst das Bild deines Schutzengels, doch auch, wenn er sich jetzt deinem Blick entzieht, so weißt du doch, dass er immer an deiner Seite steht, um dich zu beschützen und zu behüten.

Du fühlst dich geborgen, während du auf die klare, blaue Oberfläche des kleinen Bergsees schaust. Die Sonne steht bereits hoch oben am Himmel. Ihre Strahlen schenken dir Wärme und Lebensfreude. Genieße es, noch einen Moment hier in dieser friedlichen Umgebung zu verweilen, bevor du dich aus deiner Meditation löst, um wach und erfrischt in deinen Alltag zurückzukehren.

Das Leben ist ein Spiel, eine Zeit zur Freude

Das Leben ist ein Spiel. Leider sind sich viele Menschen dessen nicht bewusst. Sie erwarten von ihren Mitmenschen, dass sich diese, wie sie selbst, während ihres Erdendaseins mit Ernst und Eifer ausschließlich ihren Aufgaben widmen, stets darum bemüht, Arbeit und Leistung zu erbringen. Dabei verdrängen einige von ihnen gänzlich den Spaß und die Freude aus ihrem Leben, nehmen es „todernst" und reagieren zudem häufig mit schrägen Blicken und Unwillen auf die Freude und Heiterkeit ihrer Mitmenschen. Wie schade! Denn sie machen nicht nur sich selbst dadurch das Leben unnötig schwer.

Betrachten wir unser Leben noch einmal mit den leuchtenden Augen eines unbeschwerten Kindes. Dieses darf voller Lebensfreude staunend seine Welt erfahren. Es sieht noch die Magie und den Zauber und ist voller freudiger Erwartung. Sein Denken und Tun sind einzig darauf ausgerichtet, Spaß und Freude zu erfahren. Es sucht nicht nach Lob und Anerkennung. Wenn es entdecken darf, Spaß und Freude hat, ist es bereits glücklich und zufrieden, denn dieses Kind hat noch eine vage Erinnerung an die „andere Welt" außerhalb der Materie und weiß, dass alles nur ein Spiel ist, mit dem einzigen Ziel, in diesem Spiel Erfahrungen und Erkenntnis zu erlangen.

Die Seele eines kleinen Kindes hat noch das Wissen, dass alles in seinem vor ihm liegenden Leben nach Plan verlaufen wird. Es weiß, dass es lediglich darum geht, Erfahrungen zu sammeln. Es weiß auch, dass es dabei Spaß haben darf! Seine Seele hat noch die Erinnerung, dass sie aus der alles umfassenden Einheit kommt, in der nur das reine Sein existiert und in die sie nach Beendigung dieses „Spiels" unbeschadet, aber ein wenig weiser, wieder zurückkehren wird. Sie weiß, dass sie nicht von dieser Einheit getrennt ist, sondern dass ihr lediglich ihr Bewusstsein für die Dauer eines Erdenlebens eine Abtrennung von dieser Einheit vermittelt, damit sie sich während dieser Zeit als eigenständiges Wesen wahrnehmen kann. Eine spannende Zeit steht bevor, in der es viel zu erleben, zu entdecken und zu erfahren gibt. Es beginnt ein Spiel. Ziel dieses Spiels ist es, durch die selbst gestellten Aufgaben Erkenntnisse zu sammeln, die der Seele nur mit Hilfe eines physischen Körpers möglich sind. Dabei ist es gleich, wie lange es dauert, diese Aufgaben bewusst oder auch unbewusst zu lösen. Es ist völlig ohne Belang, wie die Seele ihre Erkenntnisse erlangt, ob in Gesprächen, Begegnungen oder gar durch schmerzhafte Erfahrungen. Selbst wenn es der Seele nicht gelingt, in diesem Leben all ihre Ziele zu erreichen, ist dies völlig ohne Bedeutung. Sie weiß doch, dass ihr unzählige Chancen zur Verfügung stehen und sie es wieder und wieder versuchen kann. Schließlich kommt jede Seele irgendwann an ihr Ziel. Die Zeit spielt dabei nicht die geringste Rolle.

Aufgrund dieses Wissens kann sich die „kleine" Seele voller Vertrauen in das „Abenteuer Leben" stürzen. Das kleine Wesen weiß tief in seinem Innern, dass es mit allem, was für sein Dasein wichtig ist, versorgt wird. Es wird in die Lebensumstände und in die Familie hineingeboren, die ihm die Voraussetzungen für die Erkenntnisse bieten, die es in den ersten Lebensjahren und zum

Teil auch über diesen Zeitraum hinaus, sammeln möchte. Und so nimmt das Kind zunächst voller freudiger Erwartung alles wahr, was ihm diese fantastische Welt geben kann. Spielerisch erfährt es seine Umgebung. Hat etwas sein Interesse erregt, so lenkt es seine gesamte Aufmerksamkeit darauf, um all die Geheimnisse, die dieses Etwas in sich birgt, zu erforschen. Geduldig experimentiert es und reagiert mit Staunen oder Freude auf die Ergebnisse. Wie wundervoll, magisch und geheimnisvoll ist doch diese Welt voller Abenteuer, die „Leben" heißen!

Leider kommen bald die Spielverderber zum Zuge. Jene, die sagen: „Das darfst du nicht!", oder „Das tut man nicht." Allein die Art und Weise, wie dies manchmal geschieht: ob durch ernste und laute oder zumindest durch bestimmende Worte oder gar durch unangenehme Strafen, die alle zusammen auch „Erziehung" genannt werden, führt dazu, dass die Freude des neuen Erdenwesens eingedämmt und nicht selten schnell gestört wird. Nicht allein im Hinblick auf mögliche Gefahren wird seinem Forscherdrang und Verhalten ein Riegel vorgeschoben. Auch kulturelle oder gesellschaftliche Ansichten und Zwänge gebieten dem natürlichen kindlichen Drang oft Einhalt. Versuchen diese doch, dem Menschen vorzuschreiben, was er zu tun und zu lassen hat. Jetzt tritt ein weiterer Aspekt in das Leben: Von dem jungen Menschen wird nicht nur erwartet, dass er seinen Forscherdrang einstellt und auf viele Entdeckungen verzichtet. Nein, es wird auch noch von ihm erwartet sich anzupassen oder etwas zu tun, wozu er jetzt doch gar keine Lust hat oder was er noch nicht einmal mag.

Hier taucht in mir ganz leise die Frage auf, ob Kultur wirklich immer ein Segen ist. Doch auch auf diese Frage findet sich die Antwort wieder in unserem Lebensplan. Wie schon erwähnt, werden wir in jene Umgebung hineingeboren, die es uns ermöglicht, all das zu lernen, was uns noch in unserem großen Erfahrungsschatz fehlt. Aus diesem Grund sucht sich die Seele nicht allein die Familie aus, sondern auch das Land, die Kultur, die Zeit sowie das Milieu. Abgesehen vom Umfeld der Seele, gehört es auch zu manchem Lebensplan sich unterzuordnen und anzupassen sowie Dinge zu tun oder zu lassen, die gegen das Empfinden von Lust und Freude sprechen.

Aber niemand kann erwarten, dass wir darüber unseren Spaß und unsere Freude am Dasein, sprich, am Spiel „Leben" verlieren.

Wir haben immer die freie Wahl. Wir können in jeder Situation so reagieren, wie wir es für richtig halten. Allein unsere Erwartungen, unsere Wünsche und ganz besonders unsere Ängste, also unser mangelndes Vertrauen, schränken uns ein.

Wie bei dem uns wohl allen bekannten Spiel „Mensch, ärgere dich nicht" können wir ärgerlich, enttäuscht und wütend darauf reagieren, wenn ein Mitspieler uns zwingt, unseren Weg zum Ziel zu verlassen und unsere Spielfigur aus dem Spiel zu nehmen, um damit eine erneute Runde zu beginnen. Wir können aber auch gelassen und mit Heiterkeit reagieren und mit einem Schulterzucken davon ausgehen, dass auch wir irgendwann ans Ziel kommen werden - selbst wenn dann schon alle anderen Mitspieler sämtliche Figuren ins Ziel gebracht haben und nur noch unsere auf dem Spielbrett stehen, so dass wir als Letzte unser Ziel erreichen. Es ist doch nur ein Spiel! Und je leichter wir es nehmen, um so mehr Spaß wird es uns machen. Wir können es uns aber auch schwer machen. Haben wir den Ehrgeiz entwickelt zu gewinnen und als Erste all unsere Puppen ins Ziel bringen zu müssen, ärgern wir uns über jede Störung und Verzögerung und nehmen uns so den Spaß am Spiel. Geben wir es zu: Einer der Gründe, für diesen Ehrgeiz im Spiel „Leben" ist nicht zuletzt beim lieben Geld zu suchen.

In unserer Kultur hat leider die Materie Geld einen starken Platz eingenommen. Seien wir ehrlich - in vielen Fällen, in denen die Menschen verbissen und ehrgeizig kämpfen, geht es darum, mehr Geld oder auch mehr Anerkennung zu erlangen.

Auch Geld ist Energie. Es ist auch richtig und gut, diese Energie zu besitzen. Doch sollten wir erkennen, welche Rolle es in unserem Lebensplan spielt. Nur gelegentlich gilt es, Erfahrungen mit Hilfe des Reichtums zu machen. Häufiger gilt es zu lernen, auch aus Geldnot oder Armut wichtige Erkenntnisse zu erlangen. Sicher, in unserer Gesellschaft geht es fast nicht ohne Geld. Wir sollten uns aber überlegen, wie wichtig es für uns wirklich ist, wieviel wir wirklich brauchen und ob wir wirklich bereit sind, den Preis für ein Mehr auf Kosten unserer Lebensfreude zu zahlen.

Liebe Leserin, lieber Leser, lerne das Leben als Spiel zu betrachten. Erinnere dich an deine Kindheit, an deinen Übermut, deine Heiterkeit, an die Leichtigkeit deines Daseins. Denke an die unbeschwerten Momente deiner Kindheit. Du wirst sehen, du kannst dein Dasein mit viel mehr Freude genießen. Weißt du, dass du für ein Lächeln weniger Muskeln beanspruchen musst, als für ein ernstes Gesicht? Weißt du, wieviel Sauerstoff deinen Lungen zugeführt wird, wenn du laut und herzlich lachst, und wie gut dein Zwerchfell dabei massiert wird? Neben der Freude und der Leichtigkeit hat Lachen auch einen ganz besonderen gesundheitlichen Wert.

Solltest du das Lachen verlernt haben oder die aktuellen oder vergangenen Ereignisse dich in der letzten Zeit vom Lachen abgehalten haben, wird es jetzt höchste Zeit, dich in die Obhut des Engels des Lachens, der Freude und der Heiterkeit zu begeben und mit seiner Hilfe zurück zu deiner Lebensfreude zu finden.

Meditation: Engel des Lachens, der Freude und der Heiterkeit

Du stehst auf einem weiten Bergplateau. Unter dir liegt eine dichte Wolkendecke. Wie ein weiter, weicher Teppich breitet sie sich dort aus. Über dir spannt sich der strahlend blaue Himmel. Während du die frische, klare Bergluft einatmest, nimmst du die Ruhe und das Gefühl von Freiheit in dir wahr. Mit jedem Atemzug spürst du es mehr. Tiefer Frieden breitet sich in dir aus.

Wenn du jetzt in die Ferne blickst, siehst du von dort ein helles Licht auf dich zukommen. In schimmernden Regenbogenfarben nähert es sich dir. Schon bald kannst du in diesem Licht ein wunderschönes Engelwesen sehen. Je näher es kommt, um so stärker spürst du seine wunderbare Energie.

Nun hat dich dieses helle Lichtwesen erreicht. Du bemerkst,

wie du dich mit einem Mal ganz leicht und heiter fühlst. Und wenn du jetzt in das Antlitz dieses Engels schaust, das dich mit einem strahlenden Blick und einem herzlichen Lachen begrüßt, erkennst du in ihm den Engel des Lachens, der Freude und der Heiterkeit.

Mit einer beinahe übermütigen Umarmung begrüßt er dich. Er umfasst dich und wirbelt dich zunächst einige Male schwungvoll im Kreis herum. Sofort überträgt sich seine heitere Schwingung und sein Übermut auf dich, und du beginnst zu juchzen und zu lachen.

Wieder und wieder wirbelt er dich im Kreis herum, wobei sich seine heitere Energie und freudige Schwingung immer mehr in dir verstärkt. Du wirst von einer Woge der Freude und Heiterkeit geradezu durchflutet. Genieße die Fröhlichkeit, die in dir aufsteigt. Wie lange ist es her, dass du dich zuletzt so heiter und unbeschwert fühltest? Vielleicht fühlst du dich in deine Kindheit zurückversetzt.

Endlich stellt dich der Engel des Lachens, der Freude und der Heiterkeit wieder auf deine Füße. Mit strahlenden Augen schaut ihr euch an und lacht noch eine Weile gemeinsam weiter. Ihr haltet euch vertraut an den Händen, und so erzählst du nun diesem wundervollen Engel, wie sehr du doch seine Energie vermisst hast, wie sehr du dich vom Alltagstrott hast einfangen lassen und darüber doch die Freuden des Lebens vernachlässigt hast.

Während der Engel der Freude leicht schmunzelt, erklärt er dir, dass die Menschen immer wieder vergessen, dass das Leben doch in Wahrheit ein Spiel ist, welches Freude bereiten soll. Doch leider packt sie oft der Ehrgeiz, und sie haben nur noch den Sieg vor Augen, fühlen sich gezwungen zu gewinnen. Dabei vergessen sie den Spaß und die Freude und beginnen zu kämpfen, um zu siegen. Trotzdem bleibt das Leben ein Spiel, dessen Ziel es lediglich ist, Erfahrungen zu sammeln.

Doch jetzt ist es Zeit zum Spielen! Lachend umhüllt dich daher dein Engel mit einer schillernden Seifenblase. Federleicht beginnst du an seiner Seite, in dieser Seifenblase zu schweben, und kindliche Freude steigt in dir auf. In deinen Gedanken tust du jetzt all das, was dir Spaß bereitet, was dein Lachen und deine Fröhlichkeit fördert.

Stelle dir vor, wie du deinen Alltag veränderst und ihn mit Übermut, Freude, Heiterkeit und Lachen bereicherst. Vergiss dein Alter, und überwinde deinen Stand. Erlaube dir, wie ein Kind zu empfinden. In der Gegenwart deines Engels fällt es dir ganz leicht, denn seine Schwingung nimmt alles Belastende, Schwere und Ernste von dir fort. Es schafft in dir einen Raum für die Freude. Überlass dich nun ganz dieser Freude und deinem Übermut. Genieße diesen beglückenden Zustand.

Aus deiner Erinnerung steigen nun vor deinem inneren Auge Bilder von freudigen und lustigen Begebenheiten deines bisherigen Lebens auf. Während du vergnügt lächelst, erinnerst du dich. Schau dir diese Situationen an. Erlebe sie jetzt alle noch einmal mit der Heiterkeit von damals. Fühle, wie leicht dein Herz ist, welche Freude du empfindest. Wenn du magst, darfst du auch ganz unbeschwert, laut und befreiend lachen.

Du bist glücklich und genießt die Gegenwart dieses Engels, der dir so viel Lebensfreude und Leichtigkeit schenkt.

Voller Vorfreude nimmst du dir nun ganz fest vor, dein Leben zu verändern, indem du der Heiterkeit, Freude und dem Lachen wieder einen Platz darin schenkst. Bitte deinen Engel dafür um seine helfende Energie und seine heitere Schwingung.

Gerne sagt er dir seine Hilfe zu. Dabei umarmt er dich noch einmal und wirbelt dich gleich wieder lachend im Kreis herum. So verankert sich schon jetzt seine Kraft ganz fest in dir. Währenddessen stellst du dir belustigt vor, wie deine Mitmenschen auf deine Veränderung reagieren werden: überrascht oder verwundert? Vielleicht sogar verständnislos? Egal! Antworte ihnen mit einem Lächeln. Denn tief in dir weißt du schon jetzt, dass du mit deiner Heiterkeit vielleicht auch sie verändern und dazu beitragen kannst, sowohl mehr Freude in dein als auch in ihr Leben und somit auch auf die ganze Erde zu bringen.

Nimm jetzt noch einmal ganz deutlich die Freude und die Heiterkeit in dir wahr. Lache noch einmal herzlich, und spüre den Übermut in dir. Überlass dich ganz der leichten und heiteren Schwingung, die dir dein Engel schenkt. Verstärke die Freude durch dein Lachen.

Nun wird es Zeit, dich von deinem Engel zu verabschieden. Darum danke ihm nun für all das, was du gerade durch ihn und mit ihm gemeinsam erleben durftest. Wenn du dich nun von diesem Engel verabschiedest, bemerkst du, wie du mit ihm verschmilzt, eins wirst mit seiner Energie, seiner Heiterkeit und Freude. Lass dir Zeit.

Und nun stehst du wieder auf dem weiten Bergplateau. Strahlend breitet sich der Himmel über dir aus und die goldene Sonne lacht zu dir herab. Sie schenkt dir Wärme und Licht und du erinnerst dich voller Freude an deine neue Schwingung.

Wenn du nun in das Tal hinabschaust, siehst du, dass sich die Wolkendecke aufgelöst hat. Du hast jetzt einen wunderschönen Blick auf eine blühende Landschaft, durch die sich ein im Sonnenlicht schimmernder Fluss wie ein glitzerndes blaues Samtband schlängelt. Auf einer Weide siehst du genüsslich eine Kuhherde grasen. Von Ferne hörst du fröhliches Kinderlachen zu dir heraufklingen. Genieße dieses Bild des Friedens mit einem Lächeln, so lange, bis du bereit bist, voller Freude in deinen Alltag zurückzukehren.

Wenn für dich dann der richtige Augenblick zum Lösen aus dieser Meditation gekommen ist, nimmst du deinen Atem wieder bewusst wahr. Lass dich ganz sanft von ihm wecken. Dann spüre, wie auch dein Körper erwacht. Er fühlt sich wunderbar frisch und frei an. Und wenn für dich wirklich der richtige Augenblick gekommen ist, atmest du ganz tief ein, öffnest langsam wieder deine Augen und kommst mit einem strahlenden Lächeln zurück in Raum und Zeit.

Lass doch mal die Seele baumeln

Wie schwer fällt es doch vielen Menschen in der heutigen Zeit, dem Alltag zu entfliehen, die Gedanken an die Arbeit, an all das Unerledigte loszulassen und wirklich zu entspannen! Auch Sorgen und körperliches Unwohlsein verhindern häufig das Loslassen und das richtige Abschalten.

Dabei ist es so wichtig, dass wir uns möglichst regelmäßig etwas Zeit und Ruhe gönnen, um die Seele „baumeln“ zu lassen und neue Kräfte zu sammeln. Oft lassen wir uns von der Hektik des Tages so einfangen, dass wir kaum noch einen Gedanken darauf verwenden, was entspannen und "relaxen" wirklich bedeuten.

Vielleicht stellst du dir jetzt einmal die Fragen, ob du selbst entspannen kannst, wann du es das letzte Mal wirklich geschafft hast und welche Bedeutung dieses Wort „Entspannung“ überhaupt für dich hat. Nimm dir einen kleinen Moment Zeit, und notiere dir vielleicht deine Antworten.

Gehörst du zu den Menschen, die sich tatsächlich in die Ruhe begeben können, um einmal wirklich nichts zu tun? Prima! Denn dann kannst du wirklich "relaxen" und dadurch neue Energien und Kraft auftanken.

Nutzt du deine Freizeit für Aktivitäten, die deine Gedanken in eine von Arbeit und Alltag gelöste Richtung lenken? Nicht schlecht! So kannst du abschalten und Abstand gewinnen. Aber wirkliche Entspannung geht noch ein ganzes Stück tiefer.

Viele Mitmenschen nutzen den wohlverdienten Feierabend, das Wochenende oder den Urlaub, um sich mit Freunden und Bekannten zu treffen, um Sport zu treiben, Veranstaltungen zu besuchen und nicht zuletzt, um sich vom Fernsehprogramm berieseln zu lassen. Sie verwechseln nicht selten Entspannung mit dem einfachen Abschalten. Dies kann jedoch unter Umständen das Gegenteil des gewünschten Zieles bewirken, nämlich den wohlbekannten Freizeitstress.

Liebe Leserin, lieber Leser, versteh mich nicht falsch. Auch diese Freizeitgestaltung ist ein sehr wichtiger Teil unseres Lebens, und wir sollten unsere Freizeit auch, ganz nach unserer Lust und Laune, mit Freude gestalten und genießen. Es ist sogar sehr wichtig, dass wir unsere Freizeit den Dingen widmen, die uns Spaß und Freude bereiten, denn sie tragen zu unserem Wohlbefinden und zu unserer Lebensfreude bei, geben uns neue Kraft. Doch auch bei diesen angenehmen Beschäftigungen handelt es sich um Aktivitäten, die mehr oder weniger unseren Körper und/oder Geist beanspruchen.

Ja, auch unser Geist braucht eine Auszeit, in der wir die Gelegenheit haben, wirklich zu entspannen und zu "relaxen". Auch unser Geist erhebt einen Anspruch auf eine Ruhephase, die wir ihm nicht nur während des nächtlichen Schlafes gönnen sollten. Wir sollten darauf achten, bei unserer Freizeitgestaltung Maß zu halten, um neben unseren Hobbys und Vergnügungen noch die Zeit für wahre Entspannung - eine Phase, in der wir wirklich nichts tun - zu finden. Selbst das „Abhängen“ vor dem Fernseher hat nichts mit wahrer Entspannung zu tun. Gönnen wir uns doch wirklich eine Auszeit, und erlauben wir uns regelmäßig unsere Seele „baumeln“ zu lassen.

Manch einer hat inzwischen erkannt, wie wichtig die Ruhephasen für Körper, Geist und Seele sind und sehnt sich nach dem, was mit dem Zauberwort „Wellness“ umschrieben wird: sich verwöhnen und fallen zu lassen, die Welt um sich herum zu vergessen und nur einfach den Augenblick genießen zu können. Bedauerlicherweise ist es nicht immer möglich und auch nicht ausreichend, einen Kurzurlaub einzuschieben. Eine solche Unterbrechung des Alltags ist sicher sehr entspannend und erholsam, doch benötigen wir regelmäßige Erholung. Darum sollten wir uns bemühen, diese Ruhepausen in unseren Tagesablauf einzubeziehen.

Das Leben und der Alltag haben sich gewandelt. Während früher allein schon die Tages- und Jahreszeiten natürliche Ruhephasen vorgaben oder die Sonntage als wahre Ruhetage galten, haben der „Fortschritt“ und die Industrie, aber auch unser eigenes Verlangen nach ständiger Bereitschaft, ob im Bereich der Dienstleistung oder im Gewerbe, diese rhythmischen Unterbrechungen des Arbeitslebens weitestgehend abgeschafft. Zudem werden im Beruf immer neue und immer mehr Anforderungen gestellt, die wiederum leicht zur Überlastung führen. So wundert es nicht, dass viele Mitmenschen aufgrund der Hektik und des Alltagsstresses verlernt haben, ihren „Motor“ zugunsten völliger Ruhe und Entspannung abzustellen.

Ich erfahre immer wieder in meinen Meditationskursen, wie schwer es einigen Teilnehmern doch zu Anfang fällt, sich einmal von all ihren Gedanken loszulösen, sich fallen zu lassen und erwartungslos dem hinzugeben, was da kommen mag. Häufig drängen sich ihnen immer wieder Alltagsgedanken ins Bewusstsein, die eine Entspannung anscheinend unmöglich machen. Einige sagen, dass sie die Meditation nervös mache und genau das Gegenteil des gewünschten Effekts bewirke. Aus diesem Grund geben sie oft schon nach dem ersten Versuch auf.

Trotz - oder vielleicht gerade wegen - dieses zunächst unangenehmen Empfindens ist diese Ruhephase auch für sie wichtig. So, wie der Körper auf eine ungewohnte Anstrengung beispielsweise mit einem Muskelkater reagiert, so setzt sich auch der Geist hin und wieder zunächst zur Wehr, wenn etwas Neues auf ihn zukommt. Er reagiert mit Unruhe. Doch so, wie der Sport dem Körper bereits beim ersten Mal trotz Muskelkater gut tut, so hilft uns auch die Entspannung beziehungsweise die Meditation trotz auftretender Unruhe schon von Anfang an. Hier ist natürlich nun auch ein wenig Willensstärke gefragt. Selbstverständlich können wir sagen: „Das ist nichts für mich" und, sowohl beim Sport als auch bei unseren Entspannungsübungen, einen Rückzieher machen. Doch Geduld zahlt sich aus. Mit ihr und vor allem ohne Zwang kann jeder zu diesem Grundbedürfnis der Ruhe zurückfinden.

Um die Bereitschaft und tatsächliche Entspannung zu finden, bietet uns auch hier das Reich der Engel seine Hilfe an. Bitte sie um ihre Unterstützung. Lass dir jedoch Zeit, und erwarte nicht sofort einen spürbaren Erfolg. Auch ein Sportler fängt „klein" an, bevor er ein Meister wird.

Nicht jeden hindert die fehlende Zeit daran zu entspannen und eine Ruhephase einzulegen. Auch die Angst vor der absoluten Ruhe kann manch einen davon abhalten. Tatsächlich fürchten sich einige Mitmenschen vor der eigenen Begegnung in der Entspannung der Stille und der Einsamkeit. Diese sind ihnen so fremd geworden, dass sie ihnen lieber ausweichen. Solche Menschen haben nicht zuletzt Angst, sich in der Stille zu begegnen, da sie sich selbst fremd geworden sind und sich nicht mehr mit sich und ihren Belangen auseinandersetzen wollen. Sie ahnen nicht, wie wohltuend und hilfreich, ja, aber auch dringend notwendig diese Begegnungen sein können. Geben sie ihnen doch die Gelegenheit zu erkennen, wo es vielleicht in ihrem Leben etwas zu ändern, zu lernen gibt, was sie zudem auf ihrem Lebensweg ein Stück voranbringen kann.

Die Entspannung schenkt uns die Ruhe, die uns einerseits zu unserem Gleichgewicht verhilft und andererseits zur nötigen Kraft, die wir für neue Aktivitäten benötigen. Mit dieser Ruhe können wir den Einsatz unserer Kräfte lenken und planen, um so einem übermäßigen Energieverlust vorzubeugen, der oft auch sehr stark an den Reserven zerrt.

In der Stille können wir den Zugang zu unserem wahren Sein finden. Wir können uns selbst begegnen, das heißt, uns bewusst wahrnehmen, und erkennen, ob wir uns in Harmonie befinden oder ob diese durch irgendwelche Einflüsse gestört wird. Es ist erstaunlich, wie gering das Wissen mancher Mitmenschen in Bezug auf ihre eigene Person und ihr Befinden ist. Viele fürchten sich gar davor, ihren wahren Zustand und ihre Gefühle zu erkennen, weil sie die Veränderung, den Verlust des "gewohnten Trotts", fürchten. Die Angst vor dem Neuen scheint ihnen belastender als die derzeitige Situation. Doch gerade ihnen kann die Entspannung Hilfe leisten, denn in der inneren Stille haben wir Zugang zu einem tiefen Wissen, das uns im Lärm und der Hektik des Alltags verborgen bleibt. Wir haben die Möglichkeit, viel zu erfahren, was zu einer Verbesserung unseres Gemütszustands und somit zu unserem Wohlbefinden beitragen kann.

Die Einsamkeit ist ein besonderes Geschenk. Sie bedeutet nicht, allein und damit getrennt von unseren Mitmenschen zu sein, sondern sie zeigt, dass wir eins mit uns sind, dass wir uns selbst genügen können, da wir wissen, dass wir mit allen und allem verbunden sind.

Um in die Ruhephase einzutauchen, die es auch unserem Geist erlaubt völlig zu entspannen, kann ein Engelkontakt eine wahre Wohltat sein. Du hast die Möglichkeit, deinen Engel im

Gespräch zu bitten, dir die nötige Energie und vor allem den Willen zum Entspannen zu geben und dich in dieser Ruhephase zu unterstützen. Eine Meditation zum Engel der Entspannung kann die Wirkung eines kleinen Urlaubs haben, der neben der wirklich tiefen Erholung, ohne den Stress mit Planung, Kofferpacken und Anreise, auch noch kostenlos ist. Probiere es aus, und starte mit der folgenden Fantasiereise in deine Entspannung.

Meditation: Engel der Entspannung

In deiner Vorstellung liegst du auf weichen Kissen in einem kleinen Boot. Gemächlich treibt es einen Fluss hinunter. Während dieses Boot sanft von den Wellen gewiegt wird, lauschst du dem leisen Plätschern des Wassers.

Dein Blick wandert hinauf in den strahlend blauen Himmel, an dem hin und wieder eine kleine, weiße Wolke dahinzieht. Lass auch deine Gedanken, wie diese Wolken, einfach ziehen. Sieh, wie sie sich ganz allmählich in der Ferne auflösen. Du fühlst dich vollkommen ruhig und entspannt. So genießt du es einfach, dich treiben zu lassen. Zeit und Raum scheinen sich aufzulösen. Du fühlst dich frei und leicht. Alles wird gleich gültig. In dir ist Frieden und Gelassenheit.

Dein Boot treibt im glitzernden Sonnenlicht auf das Meer hinaus. Irgendwann trägt es dich zu einer kleinen, verträumten Insel, wo es anhält. Du fühlst, wie eine liebevolle Hand nach dir greift, um dir beim Aussteigen zu helfen. Erst jetzt bemerkst du einen wunderschönen Engel, der dich bereits während deiner ganzen Reise begleitet hat. Es ist dein Engel der Entspannung. Du schaust in sein ruhiges Gesicht, spürst seine Liebe und Ausgeglichenheit.

Lass dich von diesem Engel auf die wunderschöne Insel führen. Schau dich um: Diese Insel lädt dich ganz zum Träumen und Entspannen ein. Suche dir einen schattigen Platz unter Palmen, und lege dich in den warmen, weichen Sand oder in eine bequeme Hängematte. Lausche dem Rauschen der Wellen, die sich sachte dem Strand nähern. Verträumt schaust du auf das türkisblaue Meer, auf dessen Oberfläche goldene Lichter tanzen.

Du genießt die Ruhe, den Frieden und die Stille, während dein Engel ganz sanft deinen Körper massiert. Fühle, wie sich durch seine zärtliche Berührung all deine Muskeln lockern und entspannen. Spüre, wie dein Körper weich und geschmeidig wird.

Leise summt dein Engel der Entspannung eine wunderschöne Melodie. Dabei wird auch dein Geist ganz frei und löst sich von allem Druck und jeglicher Anspannung. Mit einem zufriedenen Seufzer lässt du alles von dir abfallen und tauchst in eine herrliche Ruhe ein.

Du hast nun alle Zeit der Welt, um deine Entspannung zu genießen.

Während dein Körper und dein Geist vollkommen loslassen, entspannt sich auch deine Seele. Sie wird leicht und weit, offen für die Liebe und Schönheit des Lebens.

Mit jedem Atemzug spürst du, wie du von neuer Kraft und Energie durchströmt wirst. Dabei genießt du die entspannende Anwesenheit deines wundervollen Engels.

Erst wenn du dich vollkommen erfrischt, ausgeruht und entspannt fühlst, dankst du deinem Engel für seine Wohltaten. Vielleicht fragst du ihn nun um Rat, was du in deinem Tagesablauf verändern kannst, damit du dich dem Stress des Alltags erst gar nicht aussetzen musst und dein Leben mehr genießen kannst.

Dein Engel der Entspannung hat viele gute Ratschläge für dich. Sei bereit zu erkennen, wie oft du dich selbst in Hektik und Stress begibst, um deine Aufgaben zu erfüllen und deine Ziele zu erreichen. Vielleicht erkennst du, dass du die Anforderungen an dich und deine Ziele oft selbst höher ansetzt, als es notwendig ist oder den tatsächlichen Erwartungen entspricht. Erlaubst du es deinen Mitmenschen, Druck auf dich auszuüben? Warum? Wäge ab, ob es materielle Dinge gibt, auf die du lieber verzichten möchtest, damit du deine Kräfte schonst, deine Gesundheit erhältst und dein Leben gemeinsam mit deiner Familie, deinen Freunden oder aber auch allein genießen kannst. Lass dir Zeit.

Wenn du bereit bist, dein Leben zu ändern, so bitte den Engel der Entspannung um entsprechende Hilfe. Gerne wird er dich mit Rat und Tat unterstützen. Auch wenn du dich heute noch nicht zu einer veränderten Lebensführung entschließen kannst, so ist dein Engel doch jederzeit dazu bereit, dich, wie auch heute, bei deiner Entspannung zu unterstützen, so dass dein Körper, dein Geist und deine Seele erfrischt und gestärkt werden.

Lass dich nun noch ein wenig von deinem Engel der Entspannung verwöhnen. Genieße die Wärme der Sonne auf deiner Haut. Genieße den strahlend blauen Himmel über dir, das Rauschen der Wellen und den Blick auf das türkisblaue Meer, so lange du magst.

Bevor du dich zur Rückkehr in deinen Alltag entschließt, danke noch einmal deinem Engel der Entspannung, bitte ihn, dich auch während deines Tagesablaufs zu begleiten.

Dann lass dich ganz sanft von deinem Atem wecken. Nimm wieder ganz allmählich deinen Körper wahr und öffne, wenn für dich der richtige Augenblick gekommen ist, langsam deine Augen. Komm zurück in Raum und Zeit.

Was ist Gelassenheit? Darfst du gelassen sein?

Gelassenheit ist neben der wahren Entspannung ein weiterer Schritt, der uns zu mehr Lebensfreude im Alltag verhilft. Auch bei diesem Schritt sind die Engel wundervolle Helfer und Begleiter, und wir sollten sie bitten, diesen Schritt gemeinsam mit uns zu gehen. Manch einem mag Gelassenheit wie Desinteresse oder Gleichgültigkeit erscheinen, doch dem ist bei weitem nicht so. Gelassenheit ist ein Ausdruck vollkommener innerer Ruhe, die auf einem tiefen Vertrauen beruht.

Wer in sich das Wissen trägt, ein Teil der grenzenlosen und ewigen Einheit zu sein, in die seine Seele nach dem Lebensende unbeschadet zurückkehrt, und wer das Leben bedingungslos als Spiel ansehen kann, darf wirklich gelassen durch sein Leben gehen, denn er braucht sich wirklich um absolut nichts zu sorgen. Die Zahl dieser glücklichen Menschen mag noch gering sein, doch vielleicht kann ich mit diesem Buch dazu beitragen, dass sie ein klein wenig größer wird. Vielleicht durch dich?! Aber auch, wenn dir die Hintergründe noch fremd und unglaublich erscheinen, gibt es sicher auch in deinem Leben Momente, die du gelassener angehen kannst. Das Zauberwort heißt „loslassen".

Wie viele Menschen machen sich Sorgen um Ereignisse, die in weiter Ferne liegen und die oft nicht einmal einen Schatten vorauswerfen? Diese Menschen verwenden nahezu ihr ganzes Leben darauf, sich mit möglichen zu erwartenden Notlagen und Katastrophen auseinanderzusetzen, um günstigstenfalls im Ernstfall mit einer Lösung gewappnet zu sein. Dadurch verlieren sie nicht selten die Gegenwart und ihr derzeitiges Befinden aus den Augen, da ihre Gedanken allein auf eine vermeintlich negative Zukunft gerichtet sind. Solche Menschen lassen sich leicht von den Medien und pessimistischen Zeitgenossen mitreißen, die uns eine Welt der Katastrophen, des Hasses und der Gewalt präsentieren, die angeblich kurz vor dem Untergang steht.

Stopp! Wenn auch du zu diesen Menschen gehörst, dann solltest du dir jetzt einen Augenblick Zeit nehmen und prüfen, ob und was für dein Umfeld tatsächlich zutrifft. Werde dir deiner eigenen Situation bewusst. Welche Hiobsbotschaft betrifft dich oder deinen unmittelbaren Lebensraum wirklich?

Mit dieser Überlegung möchte ich nicht all die grausamen Ereignisse auf der Erde verharmlosen oder gar wegdiskutieren. Selbstverständlich gibt es Not, Leid und Elend auf der Erde. Wir sollten und dürfen die Augen nicht davor verschließen. Diese Ereignisse sind dazu da, um unsere Aufmerksamkeit zu wecken, sie wahrzunehmen und zu versuchen, daraus Erfahrungen und Erkenntnisse zu erlangen. Es mag erschreckend klingen, doch jeder Mensch ist zur rechten Zeit am rechten Ort. Das heißt, dass die Seelen der Menschen, die von dem Ereignis unmittelbar betroffen sind, genau diese Erfahrung in ihren Lebensplan aufgenommen haben, um gerade aus ihr neue

Erkenntnisse zu gewinnen. Selbst als Außenstehender hast du die Chance, aus den Ereignissen zu lernen, wenn dir diesbezüglich noch Einsichten fehlen. Doch wie bereits im vorstehenden Kapitel beschrieben, hast du die Möglichkeit, deine Erkenntnisse zunächst auf „sanfte" Art zu gewinnen. Sofern dich die Nachricht einer Katastrophe ereilt, solltest du dir bewusst machen: Es ist richtig mitzu*fühlen*, nicht aber mitzu*leiden*, da uns das Leid häufig die Energie zum Handeln entzieht.

Mein Wunsch ist es, deine Aufmerksamkeit kritisch auf die Auswahl der Medienberichte zu lenken. Sieh dir einmal an, was sich im Laufe des Tages in deinem eigenen Leben ereignet. Vermutlich erlebst du hin und wieder größere oder kleine freudige oder auch unangenehme Situationen. Doch wird dein Tag wohl in der Regel überwiegend ohne nennenswerte Vorkommnisse verlaufen. Dabei wirst du dich kaum für eine große Ausnahme unter all den Menschen halten. Wirfst du nämlich einen Blick auf das Leben deiner Familienmitglieder, deiner Freunde, Bekannten und Kollegen, erkennst du höchstwahrscheinlich Parallelen zu deinem Alltag. Erweitere deinen Blick. Betrachte die Situationen und die Geschehnisse an deinem Wohnort, in deinem Land. Du wirst sicherlich feststellen: Überwiegend verläuft der Alltag auch dort meist ohne nennenswerte Vorkommnisse. Selbstverständlich gibt es hin und wieder größere oder kleinere unangenehme Ereignisse. Doch dies ist nicht der Normalfall!

Gerade die schrecklichen und unangenehmen Ereignisse erregen die Aufmerksamkeit der Medien besonders, nicht zuletzt aufgrund der Sensationslust ihrer Kundschaft, die dies jedoch womöglich bestreitet. Messen wir die Zahl der wahren Katastrophen an der Größe der Weltbevölkerung und der Anzahl der täglichen Ereignisse, so verringert sich der Anteil der Tragödien und Unglücke doch enorm. Es scheint allerdings, dass ein verkaufsträchtiges Mediengesetz das Augenmerk vorrangig auf jene Schreckensnachrichten richtet und darüber die vielen freudigen und glücklichen Geschehnisse des Tages vernachlässigt, deren Kenntnis uns so viel neuen Lebensmut, Hoffnung und Kraft schenken könnte.

Liebe Leserin, lieber Leser, kommen wir zurück zu deinem Leben und dem Wunsch, mehr Ruhe und Gelassenheit zu erlangen. Erinnere dich: Du hast dir für dieses Dasein den Raum und die Gesellschaft gewählt, welche dir die notwendigen Erfahrungen und Einsichten ermöglichen, die deine Seele ihrer Erleuchtung näherbringen. Das, was dir und deiner Umgebung widerfährt, ist es, was für deinen Lebensplan bestimmt ist. Die Weltereignisse sind für dein Leben meist zweitrangig.

Ein Schlüssel zu mehr Gelassenheit liegt sicherlich darin, im Augenblick und im Jetzt zu leben und diese Zeit möglichst zu genießen. Dieser Moment, sei er harmonisch oder unangenehm, besitzt nicht einmal die Dauer eines Wimpernschlags, schon folgt ein neuer Augenblick mit neuen Chancen, Freuden, Hoffnungen und Veränderungen. Werde dir des Wertes dieses Augenblicks bewusst. Auch, wenn er eine kaum wahrnehmbare Einheit im Hinblick auf die gesamte Zeitspanne deines Lebens ist, so weißt du doch nie, wie viele dir noch vergönnt sind. Nicht zuletzt dies macht ihn so unendlich kostbar. Wir können die Zeit weder anhalten noch zurückdrehen. Daher ist auch kein verstrichener Augenblick deines Lebens wiederbringbar. Jeder Moment birgt in sich die Chance, ihn zu nutzen oder zu vertun. Wer nicht im Jetzt lebt, ignoriert die Gegenwart und sein Leben.

Abgesehen von der kostbaren Zeit, die durch grundlose Sorgen verschwendet wird, bergen sie eine Gefahr in sich, denn sie beeinflussen unsere Gedanken in starkem Maße. Die Gedankenenergie ist eine der stärksten Energien, die uns zur Verfügung stehen. Mit ihr können wir auf die künftigen Geschehnisse einwirken, denn die Energie folgt der Aufmerksamkeit. Setzen wir uns intensiv mit negativen Gedanken auseinander, geben wir Energie in sie hinein und verstärken dadurch das Negative, geben ihm die Kraft, sich zu verwirklichen. Lass mich dies an einem kleinen Beispiel erläutern:

Stell dir vor, in deinem Betrieb ist die Entlassung von mehreren Mitarbeitern angekündigt worden. Lenkst du nun deine ganze Aufmerksamkeit und damit deine Gedankenenergie auf die Vorstellung, dass du zu den Mitarbeitern gehörst, die zukünftig arbeitslos werden, entziehst du dir selbst Energie. Diese Energie, die du andernfalls in deine Tätigkeit hättest einfließen lassen können, fehlt dir aber nun. Je mehr Energie du für deine Sorgen aufwendest, umso weniger Energie steht dir für deine Leistung zur Verfügung. Dies kann zur Folge haben, dass sie unter Umständen nicht mehr die gewohnte Qualität besitzt. Möglicherweise gehörtest du bis zu diesem Zeitpunkt nicht zum Kreis der zu Entlassenen, da man mit deinen Leistungen zufrieden war. Doch durch deine, aufgrund des sorgenbedingten Energieverlustes, verminderte Leistungsfähigkeit könnte der zuständige Personalchef seine Entscheidung zu deinen Lasten überdenken.

Eine andere Möglichkeit wäre die folgende: Du vertraust darauf, dass du deine Arbeit gut machst und kein Anlass dazu besteht, dich aus dem Mitarbeiterteam zu entlassen. Dieser Gedanke stärkt dich, gibt dir neue Kraft, die du in deine Tätigkeit investieren kannst, um gute Leistungen zu erbringen. In diesem Fall ist es durchaus möglich, dass dein Personalchef die Überzeugung erlangt, dass du für den Betrieb unverzichtbar bist und auf keinen Fall entlassen werden darfst.

Erkennst du, wie unsere Gedanken die Realität beeinflussen können? Natürlich spielen im vorgenannten Beispiel viele Faktoren eine Rolle, doch möchte ich dich darauf aufmerksam machen, dass wir mit unseren Gedanken doch manchmal einen entscheidenden Beitrag zum Ergebnis leisten können.

Selbstverständlich ist eine sinnvolle Vorsorge vernünftig und auf gar keinen Fall zu verwerfen. Eine solche Vorsorge, die wir mit Hilfe unseres Intellekts und Verstands treffen, ist jedoch nicht mit einer panischen Sorge um oftmals „ungelegte Eier“ zu vergleichen. Diese blockiert häufig die Fähigkeit, einen klaren Gedanken zu fassen.

Natürlich ist es nicht leicht, seine Sorgen abzuschütteln. Doch sollten wir nicht vergessen, dass jedes Ereignis in unserem Leben einen Sinn hat. Auch eine zunächst unangenehme Sachlage bringt uns Erkenntnisse und oft die Chance zur Veränderung, die für uns durchaus positiv sein kann. Lerne, darauf zu vertrauen, dass alles in deinem Leben nach einem höheren Plan verläuft. Dies mag dir besonders dann schwerfallen, wenn du es - vielleicht aufgrund deiner Erziehung und deines bisherigen Lebens – gewohnt bist, alles zu planen und zu durchdenken. Doch die Engel helfen dir gern zu erkennen, wie wichtig und hilfreich es ist, mehr Gelassenheit zu üben, um das Jetzt, diesen wertvollen Augenblick, würdigen und genießen zu können. Bitte sie, dein Vertrauen zu stärken, damit du loslassen und so Ruhe und Gelassenheit erfahren kannst.

Meditation: Engel der Ruhe und Gelassenheit

Stell dir vor, du befindest dich auf einer wunderschönen grünen Wiese. Es ist Frühling, und du atmest die frische, klare Luft ein. Die zarten Sonnenstrahlen wärmen deine Haut. Du siehst die ersten bunten Frühlingsblumen, deren Farben im Licht der Sonne leuchten. Genieße diesen Augenblick, während du dich mit jedem Atemzug mehr entspannst.

Du bist nicht allein auf dieser Wiese. Der Engel der Ruhe und Gelassenheit steht an deiner Seite. Voller Liebe begrüßt er dich. Nimm seine beruhigende Ausstrahlung wahr, und spüre, wie diese auf dich überfließt. Immer stiller wird es in dir, während du ganz ruhig und gleichmäßig atmest.

Der Engel der Ruhe und Gelassenheit lädt dich zu einem Ausflug ein. Gemeinsam gehst du jetzt mit ihm über die Frühlingswiese, vorbei an rosa blühenden Mandelbäumen. Ihr gelangt in einen wunderschönen Garten. Auch hier wachsen herrliche bunte Frühlingsblumen. Rieche ihren zarten Duft, und lass dich von ihm verzaubern.

Der Weg führt dich weiter durch diesen prachtvollen Garten, bis vor ein antikes Bauwerk. Hohe Marmorsäulen tragen sein kunstvoll verziertes Dach. Für einen Moment bleibst du fasziniert stehen und fühlst dich wie in eine lange zurückliegende Zeit versetzt. Dann lass dich vom Engel der Ruhe und Gelassenheit durch das große, prächtige Portal in eine gemütliche Halle führen, in deren Mitte sich ein wunderschönes, mit bunten Mosaiken verziertes Wasserbecken befindet. Angenehme Dämpfe steigen aus dem warmen Wasser empor. Sie erfüllen den Raum mit einem betörenden Duft von Blumen und Kräutern. Dein Begleiter hilft dir, deine Kleider abzulegen, und lädt dich ein, in diesem herrlichen Becken zu baden.

Sanft umgibt dich das warme, duftende Wasser. Herrlich entspannend umschmiegt es deinen Körper. Während du dich immer tiefer in das Wasser sinken lässt, nimmst du die herrlichen Blüten wahr, die zwischen schwimmenden Lichtern auf der Wasseroberfläche treiben.

Schließe deine Augen. Du spürst die Anwesenheit deines Engels, seine Energie und die Ausstrahlung von Ruhe und Gelassenheit fließt, mehr und mehr auf dich über, so dass auch du nun vollkommen ruhig und gelassen wirst. Spüre, wie der Engel deine Schwingung erhöht. Du kannst nun erkennen, dass dein Leben ganz genau nach deinem Plan verläuft. So wächst in dir ganz allmählich Vertrauen.

Während das warme, duftende Wasser all deine Sorgen, alles Störende und Belastende von dir abwäscht, stellst du erfreut fest, dass du all deine Gedanken loslassen kannst. Du fühlst, wie du leichter und freier wirst. Lass dir Zeit, und erlaube dir ein wenig zu träumen. Dabei genießt du dein Bad und lässt dich einfach treiben.

Nimm wahr, wie du noch leichter wirst und dich auszudehnen beginnst. All die Begrenzungen deines Körpers scheinen von dir abzufallen, so dass du dich grenzenlos und weit fühlst. Es scheint dir, als ob du schwebtest. Lass es einfach geschehen. Genieße die entspannende Ruhe in dir.

Der Engel der Ruhe und Gelassenheit berührt dich ganz sanft, und du spürst, wie auch der letzte Gedanke, der letzte Druck von dir abfällt und du in eine andere Welt eintauchst, in die Ebene des Vertrauens und des Geschehenlassens. Deine Erkenntnis, dass alles in deinem Dasein nach einem großen Plan verläuft, wird immer klarer und deutlicher. Du weißt: Alles hat seinen Sinn und dient letztendlich deinem Ziel, geschieht somit zu deinem Besten.

So wird nun für dich alles gleich gültig. Du wirst durchströmt von einem wunderbaren Gefühl der Gelassenheit und inneren Ruhe. Lass es zu. Genieße diesen Zustand.

Kaum nimmst du wahr, wie dich der Engel der Ruhe und Gelassenheit aus dem herrlichen Bad geleitet und dich auf eine bequeme Liege bettet. Während du hier ganz entspannt ruhst, spürst du, wie seine sanften Hände behutsam deinen Körper massieren. All deine Muskeln werden gelockert und gelöst, und während dein Geist noch die Ruhe und Gelassenheit auskostet, darf auch dein Körper regenerieren und sowohl Erleichterung als auch Wohlbefinden erfahren.

Voller Behaglichkeit ruhst du nach dieser Massage, in weiche, warme Tücher gehüllt, auf deiner Liege. Du hörst eine sanfte Musik, deren Töne aus der himmlischen Sphäre zu kommen scheinen, vernimmst einen lieblichen Gesang, der dich an deine wahre Herkunft, die Ebene des Friedens und der Liebe, erinnert und dir Sicherheit und Geborgenheit vermittelt. So ruhst du dich aus, ruhst vertrauensvoll in dir.

Erst, wenn du vollkommen entspannt und ausgeruht bist und in dir eine belebende Kraft und freudige Energie verspürst, weckt dich der Engel der Ruhe und Gelassenheit. Er kleidet dich in frische, duftende Kleider und geleitet dich zum Ausgang dieses wunderschönen Badehauses. Ihr tretet hinaus in den blühenden Frühlingsgarten. Erleichtert und befreit atmest du dort die erfrischende klare Luft tief ein und spürst, wie dich neue Lebensenergie erfüllt und dir Zukunft und Vertrauen schenkt.

Lass dich nun von deinem Engel zu einer einladenden, weißen Parkbank führen. Da der Zeitpunkt seines Abschieds naht, dankst du ihm jetzt für seine wunderbare Hilfe.

Dann verabschiede dich von ihm. Sieh, wie er durch den herrlichen Garten zurück zu dem schönen antiken Gebäude geht, um hinter dessen Pforte deinem Blick zu entschwinden. Doch auch, wenn du ihn nicht mehr an deiner Seite siehst, weißt du doch, dass du ihn jederzeit rufen kannst, damit er dich wieder an diesen entspannenden Ort führen kann, an dem du Ruhe und Gelassenheit findest.

Verweile nun noch einen Moment auf der Bank. Nimm dir hierfür all die Zeit, die du brauchst, um die tiefe Ruhe und Gelassenheit in dir zu genießen. Spüre dann deinen Atem, und lass dich ganz langsam von ihm wecken. Nimm auch ganz allmählich deinen Körper wieder wahr. Lass dich so ganz allmählich in Raum und Zeit zurücktragen. Erst, wenn für dich der richtige Zeitpunkt gekommen ist, atmest du ganz tief ein und öffnest langsam wieder deine Augen. Du kommst zurück in das Hier und Jetzt.

Es gibt immer einen Grund zur Dankbarkeit

Unzufriedenheit ist ein in unserer kulturellen Gesellschaft weitverbreitetes Empfinden, denn viele Menschen haben den Blick für ihren wahren Reichtum verloren. Obwohl es ihnen „gut" geht, richten sie ihr Augenmerk häufig verstärkt auf jene Dinge, die gerade nicht verfügbar sind, oder jene Zustände, die momentan nicht erreichbar sind.

Wir leben in einer Welt des Konsums, in der beinahe täglich neue Bedürfnisse geweckt werden. Die Medien, und speziell die Werbung, gaukeln uns regelmäßig einen Mangel vor, der uns glauben lässt, es wäre dringend notwendig, entsprechende Produkte zu besitzen.

Sofern hier die Rede von einem bestimmten Waschmittel oder einem Schokoladenriegel ist, schmunzeln wir vielleicht noch und sind stolz auf unseren starken Willen, der uns dieser Versuchung widerstehen lässt. Doch wie steht es mit Versicherungen, dem fahrbaren Untersatz, dem jährlichen Urlaub oder einfach nur mit dem Radio oder Fernsehgerät? Da ist der Wunsch nach einer neuen Jacke oder einem Paar neuen Schuhen, obwohl die alten kaum gebraucht sind, sie aber nun nicht mehr der Mode entsprechen. Gut, es mag sein, dass du jetzt sagst: "Das brauche ich nicht." Doch überlege einmal: Sicher gibt es auch für dich Dinge, die du für dringend notwendig oder zumindest für begehrenswert hältst, obwohl sie nicht wirklich Einfluss auf dein Wohlbefinden ausüben.

Solange die finanziellen Mittel ausreichen, um unsere Wünsche und Begierden zu befriedigen, ist für uns die Welt noch in Ordnung. Doch unsere Ansprüche wachsen, werden ständig höhergeschraubt. Was geschieht, wenn die finanziellen Mittel nicht mehr ausreichen, um diese Bedürfnisse zu decken? Nicht selten tauchen an diesem Punkt Unzufriedenheit und leider oft auch Undankbarkeit auf. Obwohl für das leibliche Wohl gesorgt, das Dach über dem Kopf vorhanden ist und der Körper durch Kleidung gegen Kälte geschützt werden kann, entsteht bei vielen Menschen das Gefühl eines Mangels oder eines Nachteils. Ob es diesen Menschen hilfreich sein kann, sich einmal das strahlende Lächeln eines nackten Kindes vor einer Strohhütte in der sogenannten Dritten Welt vorzustellen, das sich über die kleine Zusatzportion Reis freut, die seinen Hunger doch ein ganz klein wenig verringert?

Das Leben hält für uns, aufgrund unseres Lebensplanes, immer wieder Situationen parat, die unsere Aufmerksamkeit erregen wollen, um Erfahrungen und Erkenntnisse zu sammeln. Natürlich bereiten uns viele Situationen keine Freude. Zu diesen zählen beispielsweise erhöhte Anforderungen, aber auch die Auseinandersetzungen mit Mitmenschen, unangenehmen Sachverhalten oder gar eine angeschlagene Gesundheit. Diese Reihe lässt sich beliebig fortsetzen, was ich gern dir, liebe Leserin, lieber Leser, überlasse.

Wie du inzwischen weißt, plant jede Seele vor Eintritt in ihr Erdendasein ihr Leben und erfährt, was für ihre Entwicklung notwendig und hilfreich ist. Natürlich gibt es Zeiten, in denen wir uns überfordert fühlen und einfach nur unsere Aufmerksamkeit auf die momentane missliche Lage richten wollen. Wir sehen nur den scheinbaren Mangel oder die Belastung und fühlen uns vielleicht vom Leben vernachlässigt.

Geben wir uns diesen Gefühlen für längere Zeit hin und richten wir unsere Aufmerksamkeit nur auf unsere unerfreuliche

Lage, so verstärkt sich die Unzufriedenheit, denn auch hier gilt: Die Gedankenenergie ist eine der stärksten Energien. Sie folgt der Aufmerksamkeit. Lenken wir unsere Gedanken jedoch fort von den vermeintlichen Missständen hin zu unserem persönlichen Reichtum (welcher nicht in erster Linie aus materiellen Gütern besteht), erhöht sich unsere persönliche Schwingung und unser Befinden kann sich verbessern. So können wir uns wieder wohlfühlen.

Selbstverständlich sind die Missstände nicht einfach auszuräumen oder zu ignorieren. Schließlich haben sie ja auch einen Sinn und Zweck, nämlich, ihre Problematik anzuschauen und das dahinter stehende Lernthema zu erkennen und an dessen Lösung zu arbeiten. Wir sollten aber nicht den Blick für die vielen positiven und schönen Dinge um uns herum verschließen.

Vor kurzem stieß ich in einem Buch auf folgende Frage: „Wer ist so arm und verlassen, dass er nicht jemanden finden könnte, dem es noch schlechter geht?“ Diese Worte verdienen es, einen Augenblick innezuhalten und über ihren Inhalt nachzudenken. Besonders in Momenten der Unzufriedenheit können sie hilfreich sein und uns aus unserem Stimmungstief herausholen, uns die Augen öffnen, damit wir unseren persönlichen Reichtum erkennen. Wenn wir uns diesen bewusst machen, können wir leichter zufrieden und dankbar sein.

Neben den vielen Ereignissen, die mir Zufriedenheit und Dankbarkeit schenkten, gab es zwei für mich bedeutende Situationen, die mein Bewusstsein hinsichtlich meines ganz persönlichen Reichtums erweiterten und mir Grund zur Dankbarkeit und Zufriedenheit gaben. Von diesen Ereignissen möchte ich dir nun erzählen, da sie verdeutlichen, wie wenig wir doch zum Glück und zur Zufriedenheit benötigen:

An einem Spätherbsttag fuhr ich in die City einer benachbarten Großstadt im Ruhrgebiet, deren wirtschaftliche Verhältnisse sich wohl kaum von denen einer anderen deutschen Großstadt unterscheiden. Da auch hier das Problem der Arbeitslosigkeit und der Obdachlosigkeit nicht unbekannt ist, saßen auch hier die obdach- und arbeitslosen Menschen in einem Abstand von wenigen Metern in der Fußgängerzone. Anhand von Pappschildern und Blechdosen baten sie um eine kleine Spende. Der Tag präsentierte sich mit schmuddeligem, kühlem Herbstwetter und ich genoss es, nach meiner Heimkehr, dass ich es mir in der Wärme meines Heims gemütlich machen konnte. An dieser Stelle gestehe ich ein, dass ich vielleicht ein wenig altmodisch bin, da ich eine große Vorliebe für die gute alte Wärmflasche habe, die mir neben der Wärme ein Gefühl der Gemütlichkeit schenkt und mich beim Einschlafen fantastisch unterstützt. Mit dieser Wärmflasche begab ich mich abends in mein Bett und erinnerte mich an die Straßenszene des Nachmittags. Diese Gedanken lösten in mir eine Flut der Dankbarkeit aus, von der ich nicht weiß, ob du, liebe Leserin, lieber Leser, sie verstehen kannst. Ich wurde mir jedenfalls bewusst, dass ich eben diese Wärmflasche besitze, die ich mit Wasser füllen kann, für das ich nur den Wasserhahn aufdrehen muss und das ich mit Leichtigkeit und mit Hilfe des elektrischen Stroms, den ich erhalte, indem ich nur den Stecker des Warmwasserkochers in die Steckdose stecke, erhitzen kann. Für diese Wärmflasche und die angenehme Wärme, die sie mir jetzt schenkte, empfand ich eine unglaubliche Dankbarkeit. Während ich mich mit diesen Gedanken beschäftigte, wurde mir weiter deutlich, dass ich ein warmes, weiches Bett und ein Dach über dem Kopf besitze, über ausreichend Essen und Kleidung verfüge, dass ich eine Familie, Freunde und Bekannte habe, mit denen ich mich gut verstehe, und, und, und. Die Aufzählung meines persönlichen Reichtums führte ich so lange fort, bis mir die Augen zufielen und ich zufrieden einschlief. Bei all diesen Überlegungen war mir bewusst, dass auch ich mir nicht jeden Wunsch erfüllen kann und dass es auch in meinem Leben hin und wieder Disharmonien gibt, doch bin ich mir meiner persönlichen, Reichtümer bewusst, die mir stets einen Anlass zur Dankbarkeit schenken.

Ein anderes Mal wurde ich während eines frühmorgendlichen Spaziergangs auf diesen persönlichen Reichtum und mein

„Glück“ aufmerksam gemacht: Ich wohne gegenüber eines wunderschönen Landschaftsschutzgebietes, das von der Bundeswehr als Truppenübungsplatz genutzt wird und außerhalb der wenigen im Laufe des Jahres stattfindenden Übungen der Bevölkerung zugänglich ist. Mit den ersten Sonnenstrahlen eines Sommermorgens entschloss ich mich zu einem Spaziergang in aller Ruhe, um den anbrechenden Tag zu genießen. Im Dunst der im Sonnenlicht aufsteigenden Nebel sah ich einen der wenigen hier stehenden rostigen Panzer, über die ich mich schon manches Mal im Stillen geärgert hatte, da sie doch in diesem, für mein Empfinden, wunderschönen Paradies einen üblen Schandfleck bedeuteten. An diesem Morgen war es anders: Dieser Panzer machte mich darauf aufmerksam, dass es nicht überall auf der Welt so ruhig, verträumt und friedlich ist, wie hier in meiner Umgebung. Wie viele Bewohner dieser Erde leben in Kriegs- und Krisengebieten! Sie können nicht den Frieden des neuen Tages genießen, da Not und Angst um ihr Leben sie gefangen halten. Sie können nicht von der Wahrscheinlichkeit ausgehen, abends wieder gesund und lebendig in ihrem Bett zu liegen. Diese Gedanken erzeugten in mir eine Flut der Dankbarkeit.

Du siehst, es ist nicht schwer, Gründe zu finden die uns dankbar machen. Und doch ist unser Blick oft auf unseren Mangel gerichtet und lähmt so unsere Lebensfreude. Ich möchte dir zum Abschluss dieses Themas noch eine kleine Übung an die Hand geben: Nimm ein Blatt Papier, und schreibe in die Mitte deinen Mangel. Um dieses Wort schreibst du nun all deinen Reichtum. Wenn du dieses Blatt ganz nah vor dein Gesicht hältst, fällt dein Blick allein auf deinen Mangel. Erweitere deinen Blickwinkel, indem du Abstand gewinnst und das Blatt weiter von dir entfernst. Nun hast du auch die Möglichkeit, deinen Reichtum zu erkennen und dich ihm zu widmen, was sicherlich erfreulicher ist als die Betrachtung deines empfundenen Mangels. *Lass deinen empfundenen Mangel also nicht zum Mittelpunkt deines Lebens werden. Gewinne Abstand, damit du deinen Reichtum erkennen kannst.*

Ganz gleich, ob du momentan glaubst, vom Leben benachteiligt zu sein, oder ob du glücklich und zufrieden bist. Jeder Moment trägt die Möglichkeit in sich innezuhalten, um sich in Dankbarkeit des eigenen Reichtums bewusst zu werden. Dadurch heben wir die eigene Schwingung an, die uns zu wundervollen Hochgefühlen verhelfen kann, welche zudem unsere Lebensfreude stärken. Ich lade dich nun ein, dem Engel der Dankbarkeit zu begegnen, um mit seiner Hilfe deine Dankbarkeit zu erkennen und so dein Wohlbefinden zu steigern.

Meditationen: Engel der Dankbarkeit

Du sitzt nun in deinem Zimmer und hast es dir dort gemütlich gemacht. Ganz ruhig geht dein Atem, und du bist völlig entspannt. Werde dir deiner Stimmung bewusst. Vielleicht fühlst du dich unzufrieden, ohne genau zu wissen warum? Lass all deine Empfindungen zu. Du bist hier in diesem Raum ganz allein, und du hast ein Anrecht auf jedes deiner Gefühle.

Nimm dir genügend Zeit, um dich mit deinen Gefühlen auseinanderzusetzen. Beginne dann, deine Empfindungen zu hinterfragen, indem du in dich hineinhorchst. Frage dich: Was empfinde ich? Warum fühle ich so? Was kann ich nicht akzeptieren? Was scheint mir zu fehlen?

Jetzt bist du dazu bereit, deine Stimmung aufzuhellen und deine Schwingung anzuheben. Darum fühlst du jetzt, wie sich dir eine sanfte Energie nähert. Immer deutlicher wird sie. Und nun siehst du mit deinem inneren Auge den Engel der Dankbarkeit vor dir stehen. Freundlich lächelt er dir zu. Er begrüßt dich mit seiner sanften Stimme. Spüre, wie seine Liebe dein Herz berührt, wie sich dort eine angenehme Wärme ausbreitet. Lass dich liebevoll von ihm umarmen, und vertraue dich ihm an. Erzähle ihm von deinen Gefühlen, von deiner Unzufriedenheit.

Voller Geduld und Verständnis hört er dir zu. Er erklärt dir, dass es immer wieder Situationen in unserem Leben gibt, in denen wir uns vielleicht vernachlässigt fühlen, den Blick oft ausschließlich auf einen derzeit von dir empfundenen Mangel oder auf eine uns unangenehm erscheinende Situation richten und dabei die Sicht auf all unseren persönlichen Reichtum und die Schönheiten unseres Daseins verlieren.

Als Erdenwesen hast du möglicherweise vergessen, dass du Teil der Einheit bist, in der alles vorhanden ist. Du hast vergessen, dass du reine göttliche Energie bist, unverletzlich, unzerstörbar, ewig. Erinnere dich daran, dass du als Mensch auf dieser Erde weilst, weil deine Seele die wertvollen Erfahrungen machen möchte, die ihr bisher auf dem Weg zur Vollkommenheit noch fehlen, die ihr jedoch die ersehnte Erleuchtung schenken werden.

Spüre, wie du mit einem Mal in der Gegenwart des Engels der Dankbarkeit ganz leicht wirst. Du fühlst dich wunderbar weit und frei. Mit deinem Engel beginnst du emporzuschweben, so dass du nun dein Leben mit ein wenig mehr Abstand betrachten kannst. Es fällt dir nun leicht, deinen Blick von deinem empfundenen Mangel oder von der dich derzeit bedrückenden Situation zu lösen. Schau, von hier oben kannst du deinen ganz persönlichen Reichtum überblicken. Sicher erkennst du, dass du in einem Heim wohnen darfst, dass du zu essen hast, dass du Kleidung besitzt, dass es Menschen gibt, die dich lieben, dass du lebst und die Chance hast, Erfahrungen zu sammeln. Schau mit ungetrübtem Blick und ehrlichem Herzen auf dein Leben herab. Sicher wirst du noch weitere Reichtümer deines Lebens erblicken. Auch, wenn vielleicht nicht alles ganz deinen Vorstellungen entspricht, so mach dir bewusst, dass du doch alles besitzt, was du zum Leben brauchst, und dass dies durchaus für dein Glück ausreichen kann.

Von hier oben kannst du auch auf dein bisheriges Leben zurückschauen, siehst du die schönen und freudvollen Ereignisse deines Lebens. Erinnere dich an deine Erfolge, ganz gleich, wie groß oder unbedeutend sie waren. Hole das Lächeln eines lieben Menschen zurück, seine lieben Worte, seinen Zuspruch. Werde dir der Hilfen bewusst, die dir in diesem Leben zuteil wurden.

So vieles wurde dir geschenkt, ohne dass du dir dessen jedes Mal bewusst warst. Du bist von einem solchen Reichtum umgeben, in dem du sprichwörtlich den Wald vor lauter Bäumen nicht siehst. Wie oft hast du dein Augenmerk auf große Dinge gerichtet und dabei die kleinen, ach so selbstverständlich erscheinenden Dinge übersehen!

Dein himmlischer Begleiter erfüllt dich mit seiner liebevollen Energie, und du spürst, wie in dir die Dankbarkeit wächst. Du wirst dir bewusst, dass du an diesem Morgen erwacht bist und an diesem Tag mit all seinen Möglichkeiten teilhaben darfst. Vielleicht fällt auf dich heute ein warmer Sonnenstrahl herab, der dich wärmt, oder du schaust hinaus in den Regen, der reinigend auf die Erde fällt. Vielleicht beobachtest du ein Blatt, das der Herbstwind über die Straße treibt. Genieße die kleinen Begebenheiten und Wunder, die dir jeder neue Tag schenkt.

Spüre den Frieden des Augenblicks. Das Jetzt ist gut. Diesen Augenblick darfst du voller Frieden und Dankbarkeit genießen. Was eben noch war ist weit weg, wie durch dicke Türen verschlossen, liegt es hinter dir. Und auch, was später kommt, liegt in weiter Ferne, unerreichbar für den Augenblick. Lass dir Zeit. Ruhe dich aus im Jetzt. Spüre, wie du Abstand gewinnst, wie du zurück in dein Gleichgewicht gelangst.

Erfüllt von Dankbarkeit, wendest du dich deinem Engel zu. Er sagt dir, dass du jederzeit deine Schwingung anheben kannst, indem du bereit dazu bist, deinen Reichtum zu erkennen und ihn in Dankbarkeit anzunehmen.

Bevor nun allmählich der Augenblick kommt, da du zurück in deinen Alltag kehren wirst, bedankst du dich bei deinem Engel für seine Energie, seinen Rat und seine Unterstützung. Bitte ihn, bei dir zu bleiben und dich auch zukünftig mit Dankbarkeit zu erfüllen, damit du dein Dasein in Freude leben kannst.

Vielleicht nimmst du nun wahr, wie das Bild des Engels der Dankbarkeit ganz langsam verblasst. Doch du fühlst, wie seine Energie in dich eintritt, sich mit dir verbindet. Voller Dankbarkeit befindest du dich nun wieder in deinem Zimmer, in dem du es dir gemütlich gemacht hast. Du spürst in dich hinein, empfindest Zufriedenheit und Dankbarkeit. Du bist vollkommen entspannt und ausgeruht, und so lässt du dich nun ganz allmählich von deinem Atem wecken. Wenn du dazu bereit bist, nimmst du einen ganz tiefen Atemzug und öffnest langsam deine Augen.

Frieden beginnt im eigenen Herzen

Unsere Herzen sehnen sich nach Frieden, denn er entspricht unserer göttlichen Urenergie, der göttlichen Quelle, aus der wir hierher auf die Erde kamen. Nach unserem Erdendasein werden wir wieder zu diesem „ewigen Frieden" zurückkehren. Vielleicht lässt sich der Wunsch nach Frieden ein wenig mit dem Heimweh vergleichen. Da gibt es etwas, das uns so vertraut ist, das uns ein Gefühl der Geborgenheit gibt. Es erinnert uns an unsere Herkunft, unser Heim. Wir sehnen uns zurück, haben Heimweh.

Der Frieden hebt unsere Stimmung an, unsere Energie beginnt höher zu schwingen. Jene Schwingung kommt unserer Urenergie ein ganz kleines Stückchen näher, und es ist, als ob wir uns ein ganz kleines Stückchen unserer Heimat näherten. Wenn wir in Frieden leben, können wir uns entspannen und unseren Blick den schönen Seiten des Lebens zuwenden. Wir fühlen uns wohl, empfinden Lebensfreude und haben die besten Voraussetzungen für die Liebe, die der Höhepunkt unseres Lebens sein sollte.

Wenn du jetzt denkst: "Es kann der Frömmste nicht in Frieden leben, wenn sein Nachbar es nicht will", ist dies nur zum Teil richtig, denn es kommt darauf an, wie du auf sein Verhalten reagierst. Du besitzt einen freien Willen. Du kannst auf seinen möglichen Unfrieden eingehen oder aber seinen Schwingungen die Resonanz verweigern.

Der Weltfrieden beginnt im eigenen Herzen! Die Welt dreht sich unter dem Einfluss der kosmischen Gesetze: wie oben, so unten. Nach einem dieser kosmischen Gesetze muss auf jede Aktion eine Reaktion erfolgen, denn alles strebt dem Ausgleich zu. Nur so kann ein unverzichtbares Gleichgewicht bewahrt werden. Diesem Gesetz entsprechend, kehrt all das, was wir aussenden, auch irgendwann zu uns zurück. Du kennst sicher das Sprichwort „Wie man in den Wald hineinruft, so schallt es hinaus." Deine Umwelt reagiert, so wie deine Mitmenschen, auf deine Aussendungen, seien es Taten, Worte oder allein deine Ausstrahlung. Sofern du Ruhe und Frieden aussendest, wird auch Ruhe und Frieden zu dir zurückkehren.

Die Reaktion erfolgt jedoch nicht immer unmittelbar, auch ist sie nicht unbedingt an die Person gebunden, welcher die Aktion galt. Während manche Aktion direkt beantwortet wird, lassen andere Reaktionen oft viele Jahre auf sich warten. Ja, es ist durchaus möglich, dass du die Reaktion für deine Aktion erst in einem anderen Leben erfährst. Ein altes Sprichwort sagt: „Gottes Mühlen mahlen langsam." Aber auch, wenn viel Zeit vergeht - eines kannst du dir gewiss sein: Die Antwort auf die ausgesandte Aktion kommt garantiert, ob früher oder später.

Durch deine Aktion sendest du Schwingungen aus. Diese werden so lange weitergetragen, bis sie auf eine entsprechende Resonanz treffen, die diese Schwingungen zu dir zurückleitet, ähnlich wie der Schall, der erst auf einen Resonanzboden treffen muss, bevor er gehört werden kann. Nicht immer ist die Umgebung beziehungsweise die Person, der deine Aktion galt, in Resonanz mit dir. Daher wird die ausgesandte Schwingung so lange weitergetragen, bis sie eine solche Resonanz findet.

Aufgrund des vorgenannten Gesetzes sollten wir unser Leben nach folgendem Sprichwort ausrichten: „Was du nicht willst, was man dir tu, das füg` auch keinem andern zu." Genauso sollten wir ihm auch im entgegengesetzten Sinne folgen: „Was du willst, was man dir tu, das füge jedem andern zu."

Wenn du also in Ruhe und Frieden leben möchtest, ist es wichtig, auf deine Gefühle und somit auch auf deine Ausstrahlung zu achten. Sofern du Frieden in dir trägst, wird sich dieser wie eine Welle ausbreiten. Er wird auf seine Resonanz treffen und zu dir zurückkommen, während er sich gleichzeitig in immer größeren Kreisen weiter ausbreitet. Du siehst: Der Weltfrieden beginnt im eigenen Herzen.

Ich möchte noch einmal auf das eingangs erwähnte Sprichwort eingehen. Sollte dein Nachbar also versuchen, deinen Frieden durch seine Aktionen zu stören, bleibt es dir überlassen, wie du auf seine ausgesandte negative Schwingung reagierst. Du kannst dieser Schwingung einerseits Resonanz bieten und ebenfalls mit einer negativen Schwingung, beispielsweise mit Ärger, reagieren, oder du entziehst ihm deine Resonanz, indem du ihm die Schwingung des Friedens entgegenstellst. So bleibt dein Frieden unberührt. Die Schwingungen seiner Aktion müssen sich also einen anderen Resonanzboden suchen. Reagierst du jedoch beispielsweise mit Ärger, so hat die negative Schwingung deines Nachbarn eine Resonanz gefunden und der Frieden ist gestört. Die Entscheidung liegt also bei dir. Du musst dich demnach nicht notgedrungen ärgern, wenn du dich *wirklich* nicht ärgern lassen willst.

Um wahren Frieden in deinem Herzen empfinden zu können, kannst du dich an die Macht der geistigen Helfer wenden. Bitte den Engel des Friedens, diese segensreiche Flamme in dir zu entzünden und aufrechtzuerhalten, damit du sie weitertragen kannst.

Die innere Ruhe ist zur Erlangung von Frieden beinahe unverzichtbar. Wer ohne Inseln der Ruhe nur durch den Alltag hetzt, ist so vielen Reizen ausgesetzt, dass er sie kaum verarbeiten kann. Sie wiederum bedingen eine Störung des inneren Gleichgewichts und der Harmonie. Diese macht es nahezu unmöglich, Frieden im Herzen zu verspüren.

Unruhe und Stress verfälschen schnell den Blick für die tatsächliche Situation. So kann es beispielsweise geschehen, dass wir auf eine banale Frage, in einer Stresssituation gestellt, ärgerlich reagieren, weil wir sie als Unterbrechung oder gar als Störung eines reibungslosen Ablaufs sehen. Möglicherweise beschuldigen wir noch den Fragenden, er hätte uns absichtlich mit dieser „dummen Frage“ verärgern wollen. So baut sich in uns nicht allein Unmut über die Unterbrechung, sondern zusätzlich Ärger gegenüber dem Fragenden auf, der von unserer Reaktion vermutlich völlig überrascht ist.

Wenn du dir öfter am Tag etwas Zeit nimmst, um innezuhalten und die wahre Situation zu erfassen, kannst du sicher häufig erkennen, dass allein die Stresssituationen, denen du dich vielleicht sogar unnötigerweise selbst ausgesetzt hast, deine Unzufriedenheit begünstigen.

Solltest du das Aufsteigen von Unmut oder Unzufriedenheit in dir bemerken, versuche, dir zunächst einen Überblick darüber zu verschaffen, ob wirklich ein Grund für deine Stimmung vorliegt, ob es sich lohnt, deinen Frieden zu gefährden. Nicht umsonst gilt die Empfehlung, dass wir bei Ärger erst bis zehn zählen sollen.

Zudem sollten wir jede Situation, besonders die unerwünschte und unangenehme, nutzen, daraus Erkenntnisse, auch hinsichtlich einer Verbesserung, zu erzielen. Wenn wir uns den Sinn unseres Daseins, der im Grunde ja ein Lernspiel ist, bewusst machen, können wir uns auf den Frieden in unseren Herzen einlassen und ihn genießen.

Ruhe und Besonnenheit, aber auch Verständnis für die uns nicht immer bekannten Umstände, in denen sich unsere Mitmenschen befinden und die sie zu einem uns vielleicht unverständlichen Verhalten zwingen, können in entscheidendem Maße zu mehr Frieden in unserer Umgebung verhelfen. Die Welle deines Friedens wird, dem kosmischen Gesetz folgend, weitergetragen und früher oder später mehr ihre Resonanz finden. Der Weltfrieden beginnt im eigenen Herzen. Lass uns gemeinsam diese Welle des Friedens ins Rollen bringen.

Meditation: Engel des Friedens

Begib dich an einen Ort in der freien Natur, an dem du dich sehr wohl fühlst. Es ist eine warme Sommernacht. Über dir spannt sich der dunkelblaue Himmel mit seinen unzähligen glitzernden Sternen. Im Licht des Vollmonds erkennst du schwach die Konturen der Landschaft, die im Schutze der Nacht ruht.

Völlige Stille umgibt dich und du bemerkst, wie es auch in

dir immer ruhiger und stiller wird. Dein Atem geht ganz gleichmäßig, so dass du dich mehr und mehr entspannst, bis du ganz in dir ruhst.

Du schaust in den nachtblauen Himmel und erkennst dort im Lichtermeer ein strahlendes Licht. Während du es beobachtest, siehst du, wie sich dieses Licht bewegt. Es wird größer und strahlender. Das Licht kommt zu dir herab, und wenn es dich nun erreicht, siehst du in diesem Licht ein Wesen des Himmels, einen Engel, vor dir stehen.

Herzlich begrüßt dich der Engel des Friedens. Seine leuchtende Aura hüllt dich ein, und du wirst erfüllt von seiner Ruhe und seinem Frieden. In seiner Gegenwart spürst du, wie du dich beruhigst und wie dein Herz ganz gleichmäßig schlägt. Dein Alltag tritt in den Hintergrund, und du bemerkst, wie du in dem Energiefeld des Engels ganz leicht wirst, wie du dich ausdehnst, so weit wirst, dass sich dein Körper von all seinen Begrenzungen löst.

Gemeinsam mit dem Engel des Friedens beginnst du in seinem Lichtfeld zu schweben, aufzusteigen. Der Engel führt dich hinaus aus der dir bekannten Welt. Er geleitet dich durch die Stille des Universums in das Reich des Friedens. Du lässt alles hinter dir. Bemerke, wie alles um dich herum gleich gültig wird, also die gleiche Gültigkeit erhält.

So tauchst du nun ein in den Raum des Friedens. Du spürst, wie Ruhe und Liebe dich umfangen. Gib dich diesen vollkommen hin. Ganz tief in dir erinnerst du dich daran, dass du ein Geschöpf Gottes bist, welches er unendlich liebt und behütet. Du wirst dir seiner grenzenlosen Liebe bewusst, fühlst dich gehalten in seiner Hand, die dir eine unermessliche Geborgenheit schenkt.

Dein Engel macht dich darauf aufmerksam, dass du hier in dieser Atmosphäre einfach sein darfst. Nichts wird hier von dir erwartet. Du darfst dich lediglich der Ruhe und Liebe hingeben und den tiefen Frieden in dir erfahren. Genieße es. Lass es einfach geschehen.

Der Engel des Friedens weiß, wie sehr sich die Menschheit

nach diesem Frieden sehnt. Dieser Engel macht dir bewusst, dass doch jeder Mensch, und gerade du, zu diesem Frieden auf der Erde beitragen könnte, wenn er nur ein klein wenig dazu bereit wäre.

Du denkst über seine Worte nach, wirst dir jetzt vielleicht bewusst, welchen Beitrag du zu etwas mehr Frieden leisten kannst. Oft reicht es sicher schon aus, dass du dir deine eigenen Launen bewusst machst und deinen eigenen Unmut nicht auf deine Mitmenschen überfließen lässt. Ein wenig mehr Besonnenheit kann schon zum einfachen und friedlichen Miteinander beitragen.

Nimm dir Zeit, um mehr Frieden fördernde Möglichkeiten zu erkennen. Sicher wird dir auch der Engel des Friedens hierzu einige wertvolle Hinweise geben. Vergiss nicht: Frieden beginnt immer im eigenen Herzen. Deine unermüdliche Bereitschaft und dein Streben nach Frieden werden sicherlich Früchte tragen, denn alles, was du aussendest, kehrt, wie gesagt, zu dir zurück. Begegnest du deinem Nächsten friedlich, so wird der Friede seine Resonanz finden, indem er zu dir zurückfließt. Bitte den Engel des Friedens um seine Unterstützung.

Genieße nun noch einen Moment deinen Aufenthalt in dieser Sphäre des Friedens. Spüre die Schwingung des Friedens in dir, die dir Kraft schenkt und dich stärkt.

Dann führt dich der Engel des Friedens zurück zu jenem Ort, an dem deine heutige Reise begann. Du bist nun erfüllt von Frieden und bereit, diesen weiterzutragen. Während dein Engel dich liebevoll in seinen Schwingen hält, steigen vor deinem inneren Auge Menschen, Wesen und Situationen auf, denen du den Frieden wünschst.

Beobachte, wie sich unzählige weiße Friedenstauben um dich versammeln. Sende sie aus. Sieh, wie diese Tauben hoffnungsvoll und mit Freude in den blauen Nachthimmel aufsteigen. Sie schwärmen aus und verbreiten sich über die ganze Erde, um deinen Frieden hinauszutragen.

In deiner Vorstellung entstehen Bilder einer friedlichen Welt. Du siehst, wie all die Menschen auf unserer wundervollen Erde vom Frieden erfüllt werden, sich ihm öffnen, um in ihm zu leben. Lass diese Bilder zu. Schenke ihnen gemeinsam mit dem Friedensengel die nötige Energie, damit sie Wirklichkeit werden können. Du weißt ja: Deine Gedankenenergie wirkt sich auf die Realität aus. Die Energie folgt der Aufmerksamkeit.

Bevor du nun deine Engelbegegnung beendest, dankst du dem Engel des Friedens für seine Führung, für seine Unterstützung und für all die Erfahrungen und Erkenntnisse, die er dir heute geschenkt hat. Sieh dann, wie sein Bild langsam verblasst. Auch wenn er nun deinen Augen nicht mehr sichtbar ist, bist du dir doch seiner Anwesenheit bewusst. Mit dem Wissen um seine Nähe und seinen Beistand verweilst du noch einen Moment an diesem ruhigen Ort, spürst noch einmal in dich hinein und schenkst deinem Frieden all deine Aufmerksamkeit.

Erst, wenn du dazu bereit bist, lässt du dich ganz langsam von deinem Atem wecken, um frisch und erholt in deinen Alltag zurückzukehren. Wenn du auch dazu bereit bist, atmest du tief ein, öffnest deine Augen und blickst voller Vorfreude dem Frieden entgegen.

Die Kraft der Liebe

Die Liebe ist unsere wahre Natur, denn unsere Herkunft ist die göttliche Urquelle, die Quelle bedingungsloser Liebe, mit welcher wir für alle Ewigkeit verbunden sind und aus der wir jederzeit schöpfen können, im Wissen, dass sie niemals versiegen wird.

Unsere Schwingungen nehmen Einfluss auf unser Leben, unseren Zustand und unsere Handlungsfähigkeit. Befinden wir uns in der Liebe, so haben wir unseren auf Erden höchstmöglichen Schwingungszustand erreicht, fühlen uns beflügelt, weit, leicht und frei. Wir sind „selig“, dem Zustand unserer Seele jenseits einer Inkarnation so nahe, wie wir es auf Erden nur sein können. Die Liebe verleiht uns ungeahnte Kräfte und Fähigkeiten, von denen wir vielleicht vorher nicht einmal geträumt hätten. Sie überwindet Raum und Zeit. Zudem heilt sie bekanntlich alle Wunden. Sie verleiht uns Flügel. Wenn wir lieben, ist die Welt in Ordnung. Die Liebe erfüllt unser Leben mit einem Sinn.

Während die Liebe die höchste Schwingung ist, die wir auf Erden erreichen können, ist die Angst jene Schwingung, die uns in die tiefste Tiefe hinabzieht. Im Vergleich zur Liebe, welche uns besagte ungeahnte Kräfte verleiht, kann die Angst durch ihre tiefe Schwingung unser Denken und Handeln stören. Ja, sie kann uns geradezu lähmen. Setzen wir uns der Angst aus, weil wir uns plötzlich einer großen Gefahr gegenübersehen, die womöglich unsere Gesundheit oder gar unser Leben bedroht, können wir derart in Panik geraten, dass wir keinen klaren und rettenden Gedanken mehr fassen können. Es kann sein, dass wir vor Schreck erstarren, nicht mehr die Kraft besitzen, uns zu bewegen oder eine sinnvolle Handlung auszuführen. Erinnern wir uns in diesem Zustand an die Liebe, so kann sie uns auch in diesen schwierigen Momenten, selbst in Gefahr und Krankheit, so viel Energie schenken, dass wir ungeahnte Kräfte entwickeln und mit deren Hilfe manch aussichtslos erscheinende Situation samt ihrer Gefahren und Bedrohungen überwinden können.

Wenn wir uns in der Schwingung der Liebe befinden, können wir selbst nach einem völlig anstrengenden, langen Arbeitstag noch enorme Kräfte aktivieren, um mit ihnen der Liebe Ausdruck zuverleihen. Wenn es um die Liebe geht, können wir unsere Müdigkeit überwinden und die Nacht zum Tag machen. Darüber hinaus macht uns die Liebe kreativ und verleiht uns das Geschick, selbst bei einem auf die Sekunde ausgefüllten Terminkalender, noch genügend Zeit für die geliebte Person zu finden.

Zudem ist die Liebe ein guter Arzt. Sie fördert unsere Selbstheilungskräfte, lässt uns das Leben genießen und gibt uns somit den Antrieb, schnell wieder als Gesunde daran teilnehmen zu können. Selbst bei schwierigen und unheilbaren Krankheiten fördert die Liebe unser Wohlbefinden. Wenn wir wahre Liebe verspüren, so hilft uns diese, Schmerzen erträglicher zu machen und so unseren Zustand zu verbessern.

Bestimmt hast du, liebe Leserin, lieber Leser, schon einmal

selbst die Erfahrung gemacht, dass die Liebe auch deine Gefühle heilte, dich aus einem seelischen Tief wieder herausholte. In Zeiten des seelischen Schmerzes ist die Liebe wie eine sanfte Hand, die unser Herz streichelt und wärmt. So löst sie nach und nach die Knoten der Trauer, der Verzweiflung und der Verletzung. Wenn wir geliebt werden, fühlen wir uns in unserem Selbstwert gestärkt. Die Liebe bedarf keiner Worte. Allein das Wissen um sie aktiviert unsere Heilung und unser Wohlbefinden.

Auch in Zeiten, in denen du dich einsam fühlst, in denen du denkst, niemand sei da, der dich liebt, hast du die Chance, Liebe zu erfahren, nämlich Liebe von dir selbst. So unsinnig dir dies zunächst erscheinen mag, ist die Liebe zu dir selbst die erste und wichtigste Stufe der Liebe. Sie lässt dich deine Werte erkennen, macht dich mild und weich, weckt Verständnis und Mitgefühl. Wer liebt, ist großzügig, kann auch mal „fünf" gerade sein lassen. Verwöhne dich selbst, schenke dir Aufmerksamkeit und gehe vor allem liebevoll mit dir um. Verlange nichts von dir, wozu du nicht bereit bist. Liebe dich selbst! Wenn du dich liebst, sendest du Schwingungen der Liebe aus. Wie du schon gehört hast, suchen sich die Schwingungen eine Resonanz und kommen zu dir zurück. Die Liebe kommt zu dir.

Schon das erste der Zehn Gebote fordert dich auf: Liebe deinen Nächsten *wie dich selbst.* Wie kannst du deinen Nächsten lieben, wenn du dich selbst nicht einmal magst? Erst, wenn wir uns selbst akzeptieren und uns lieben, und zwar genauso, wie wir sind, nämlich mit all unseren Vorzügen und unseren „Macken", sind wir fähig auch andere zu lieben. Erinnere dich: Du besitzt eine vollkommene Seele. Deine Aufgabe ist es zwar Vollkommenheit zu erreichen, doch so wie du bist, bist du o.k., denn es entspricht deinem Plan. Darüber hinaus wollen wir ehrlich sein, ein perfekter Mensch, abgesehen davon, dass es den wohl überhaupt nicht gibt, wäre doch auf die Dauer langweilig. Viele unserer Ticks und Macken machen uns doch gerade liebenswert. Stelle dich regelmäßig, am besten jetzt sofort, vor den Spiegel, schau dir in die Augen und sage dir: „Ich liebe mich."

Wahre Liebe kennt keine Bedingungen. Die wahre Liebe

unterscheidet sich von Verliebtheit, denn jene ist bedingungslos, unterliegt weder Regeln noch Erwartungen. Die wahre, bedingungslose Liebe ist unerschütterlich und übersteht jede Krise. Sie lässt sich durch keine Äußerlichkeiten oder Worte beeinflussen. Bedingungslose Liebe erlaubt dem geliebten Menschen so zu sein, wie er ist, ganz gleich, was dieser tut oder denkt. Bedingungslose Liebe akzeptiert dessen Denken und Handeln, welches ganz genau seinem Lebensplan entspricht und ihm dient, seine Lebensaufgaben zu lösen. Sofern wir eine andere Meinung zum Tun und Handeln des geliebten Menschen haben, können wir ihm zwar liebevoll unsere Ansichten mitteilen, doch da wir nicht wissen, ob diese seiner Sache dienlich sind und ihm weiterhelfen, haben wir kein Recht, uns in seine Angelegenheiten einzumischen. Sein Verhalten bietet ihm die Chancen, die er für seine Entwicklung braucht. Wer vermag schon die Lernthemen seiner Mitmenschen zu kennen, geschweige denn, den für sie richtigen Weg! Wissen wir denn selbst immer, was für uns richtig ist?

Jene Wesenszüge und Verhaltensweisen, die uns an unseren Mitmenschen stören und die wir daher ablehnen, sind Aspekte, die wir in der Regel für uns nicht zulassen. Doch ich werde an späterer Stelle noch darauf eingehen, dass alle Aspekte im Universum und in unserem Sein einen Sinn und ihre Berechtigung haben. Auch, wenn wir diese nicht zu erkennen vermögen. Je mehr du bereit bist zu akzeptieren und anzunehmen, um so größer wird deine Fähigkeit zu lieben. Unser höchstes Ziel sollte es sein, jeden und alles ohne Ausnahme bedingungslos zu lieben.

Lernen wir das Dasein auf dieser wunderschönen Erde wirklich unter dem Gesichtspunkt zu sehen, dass die Seelen aller Wesen und Daseinsformen (denn sie alle sind beseelt) das einzige Ziel verfolgen, ihren Erfahrungsschatz zu vervollständigen, um zurück in den Frieden und die Liebe der Einheit zu gelangen, so ist es uns möglich, unsere Liebe auch jeder Person und jedem Wesen zu schenken, selbst wenn ihr Handeln und Denken von dem eigenen abweicht. Wenn wir unsere Unfähigkeit akzeptieren, zu erkennen was für andere und oft auch für uns persönlich richtig ist, und darauf vertrauen, dass alles im Universum und in unserem Dasein seinen Sinn und seine Berechtigung hat, so sind wir in der Lage, selbst die Personen, die uns angreifen und verletzen, bedingungslos zu lieben.

Die Erfüllung des Traumes von der uneingeschränkten, bedingungslosen Liebe, die alle Wesen miteinander teilen, würde gleichen einer aufgehenden strahlenden Sonne am Himmel, welche den Beginn einer neuen, friedlichen und wunderschönen Welt verkündet. Gerne versuche ich, mein Bestes dazu beizutragen. Machst du mit? Ich freue mich darauf!

Beginnen wir doch gleich damit, ein wenig von diesem Traum zu verwirklichen. Starten wir damit, unsere Schwingung anzuheben, indem wir die Liebe in uns wecken und diese aussenden. Dein erster Schritt sollte es sein, dir selbst zu sagen: „Ich liebe mich."

Versuche, allen Menschen, Wesen, Dingen und Situationen mit Liebe zu begegnen. Sage dir einfach: "Ich liebe den, die oder das." Versuche, alles mit liebenden, akzeptierenden Augen anzusehen. All den Wesen, Gefühlen oder Ereignissen, denen du wirklich keine Liebe schenken kannst, wie beispielsweise deinen Kopfschmerzen, sende einfach liebevolle Gedanken. Die Schwingung deiner Gedanken wird ihre Resonanz finden und zu dir zurückfließen. Es wird dir dann sogar möglich sein, auch jene Wesen, Gefühle und Ereignisse zu akzeptieren und anzunehmen.

Meditation: Engel der Liebe

Heute ist ein wunderschöner Herbsttag. Du wanderst durch einen Wald. Das goldene Sonnenlicht fällt in geheimnisvollen Schleiern durch das bunte Laub der Bäume. Du genießt die Ruhe und den Frieden in deinem Herzen, während dein Weg dich an das Ufer eines Flusses führt. Wie ein blaues Band fließt er durch die Landschaft. Auf seiner Oberfläche tanzen glitzernd die Sonnenstrahlen.

Du entschließt dich, eine kleine Rast einzulegen. Vielleicht steht hier eine gemütliche Sitzbank, oder du lässt dich einfach in dem trockenen grünen Gras nieder, um dem Murmeln und Plätschern des Flusses zu lauschen. Immer ruhiger wird es in dir. Der Fluss scheint deine Gedanken aufzunehmen und davonzutragen und du spürst, wie du frei und weit wirst. Mit geschlossenen Augen sitzt du an diesem Ufer, spürst in dich hinein und nimmst dich selbst wahr, mit all deinen Licht- und Schattenseiten. Lächelnd akzeptierst du alle deine Charakterzüge und Wesensarten, ob sie nun die Zustimmung deiner Mitmenschen finden oder nicht, denn gerade sie sind es, die dich zu der Person machen, die du bist. Sie bestimmen dein Ich und dieses Ich ist liebenswert. Darum sagst du dir jetzt: „Ich liebe mich." Spüre, wie die Schwingung der Liebe dich weich und zugleich stark macht.

Während du dein Dasein genießt, bemerkst du eine sanfte Berührung in der Nähe deines Herzens. Du öffnest deine Augen und siehst vor dir, umgeben von einem herrlichen rosa schimmernden Licht, ein wunderschönes Engelwesen. Es ist der Engel der Liebe, der dich nun liebevoll umarmt. Sein Lächeln erfüllt dein Herz mit Wärme. Du genießt es, von seinen Armen gehalten zu werden, und genießt seine Nähe. Voller Dankbarkeit fühlst du, wie er dir seine Liebe schenkt. Gleich einem zarten Schleier umgibt sie dich, dringt durch deine Haut, bis tief in dein Herz hinein.

Dir ist bewusst, dass die Liebe das wertvollste und wichtigste Gut auf Erden ist. In der Umarmung dieses wundervollen Engels erinnerst du dich daran, dass du als Gedanke Gottes aus der ewigen Quelle der Liebe geboren wurdest und für alle Ewigkeit mit diesem nie versiegenden Strom der göttlichen Liebe verbunden bist. Du selbst bist Liebe.

Während dich die Schwingungen der Liebe mehr und mehr durchströmen, fühlst du dich, wie von Gott selbst gehalten, unendlich von ihm geliebt.

Der Engel der Liebe schenkt dir nun die Fähigkeit, in dein Herz zu sehen. Schau, du erkennst dort das Samenkorn der Liebe. Durch die Wärme deines Herzens springt es auf und beginnt zu wachsen. Größer und größer wird es und du spürst, wie du mehr und mehr von der wundervollen Liebe erfüllt wirst. Sie wächst in dir. Sie nimmt mehr und mehr zu, wächst und wird immer größer. Sie dehnt sich in dir aus. Könntest du dich jetzt selbst sehen, würdest du zarte rosa Lichtbänder erkennen, die aus deinem Körper herausfließen. Sie schweben zu deinen Mitmenschen, ob nah oder fern, berühren sie sanft und erfüllen sie ebenfalls mit Liebe. Du kannst diesen Strom der Liebe lenken. Sende ihn zu deiner Familie, deinen Freunden, zu all den Menschen, die dir wichtig sind. Derart mit Liebe angefüllt, schickst du diese in die ganze Welt hinaus.

Deine Liebe ist grenzenlos und unerschöpflich. Der Strom deiner Liebe ist unendlich. Du bist so erfüllt von ihr, dass es dir leichtfällt, dich durch das Band der Liebe selbst mit den Menschen zu vereinen, mit denen du bisher weder in freundschaftlicher noch liebevoller Beziehung standest. Deine Liebe ist so groß und macht dich so stark, dass du ausnahmslos jeden lieben kannst. Durch die Hilfe der Engel weißt du nun: Die Liebe ist die Kraft, die alles vereint.

Nimm dir Zeit und sieh, wie die Bänder deiner Liebe dich mit allen Menschen, allen Wesen, allem Sein verbinden.

Wenn du jetzt in dich hineinspürst, stellst du fest, dass die Liebe viele Begleiter hat, denn in dir ist Freude, in dir ist Ruhe und Frieden, in dir sind Harmonie und ein unendliches Glücksgefühl.

Schau nun in das Antlitz des wundervollen Engels an deiner Seite. Voller Liebe lächelt er dir zu. Er schenkt dir seine bedingungslose Liebe. Sie ist frei von Erwartungen und Forderungen. Sie ist weder von Äußerlichkeiten abhängig noch kann ein Konflikt ihr jemals etwas anhaben oder sie gar zerstören. Diese wahre Liebe ist vollkommen frei von jeglicher Bedingung. Voller Dankbarkeit nimmst du sie an.

Während dich der Engel der Liebe weiterhin in seinen Armen hält, erwacht in dir der Wunsch, ebenfalls alle Menschen und Wesen so bedingungslos zu lieben. Du weißt, sie alle sind, wie auch du, göttliche Geschöpfe, entstanden aus der Liebe und dem Gedanken Gottes. Aus tiefstem Herzen bittest du nun deinen Engel dir dabei zu helfen, bedingungslos zu lieben und deinen Nächsten so annehmen zu können, wie es eurem Lebensplan entspricht. Bitte den Engel, dir beizustehen, wenn du dich schwach und ungeliebt fühlst. Er verspricht dir, den Funken der Liebe in dir zu erhalten. Auf deinen Wunsch hin wird er diesen zu einem Feuer der Liebe entfachen. Der Engel der Liebe erklärt dir, es sei ein unabänderliches Gesetz, dass jede Schwingung, die du aussendest, auch zu dir zurückkommt. Daher wird auch der Strom der Liebe, der deinem Herzen entströmt, zu dir zurückfinden und dein Herz erfüllen.

Voller Freude und Zuversicht und mit einer unendlich tiefen Liebe in deinem Herzen, verabschiedest du dich nun von dem Engel der Liebe. Während du noch einmal seine wunderbare Schwingung wahrnimmst, verblasst ganz allmählich sein Bild. Doch du weißt: Auch wenn du ihn nicht sehen kannst, ist er doch in deinem Herzen und steht dir mit all seiner Kraft, Liebe und Wärme bei. Er ist stets bereit dir zu helfen und dich zu unterstützen.

Nun sitzt du wieder allein am Ufer des Flusses, lauschst seinem Murmeln und Plätschern. Du erfreust dich an diesem wundervollen Herbsttag. Du genießt die Sonne, die ihre letzten wärmenden Strahlen zu dir herabsendet, bevor sie im goldenen Licht versinkt. Du fühlst dich eins mit deiner Umgebung, fühlst dich eins mit allem, was ist, vereint durch das Band der Liebe. Du bist erfüllt von der Liebe. Sie stärkt dich und schenkt dir die Kraft, voller Freude, Zuversicht und Vertrauen durch dein Leben zu gehen.

Nimm dir nun noch all die Zeit, die du benötigst, bevor du in deinen Alltag zurückkehrst. Spüre noch einmal die Liebe in dir. Erinnere dich daran, dass all die Liebe, die du aussendest, auch zu dir zurückkommt.

Dann lass dich ganz sanft von deinem Atem wecken. Noch während du deinen Körper allmählich wieder wahrnimmst, spürst du die Anwesenheit des Engels der Liebe.

Erst, wenn du dazu bereit bist, atmest du ganz tief ein, öffnest langsam deine Augen und kommst mit der Bereitschaft, aus tiefstem Herzen und bedingungslos zu lieben, zurück in das Hier und Jetzt.

Werde dir deiner Wünsche bewusst

Die Zahl all unserer Wünsche, die wir im Laufe unseres Lebens bekunden, ist wohl unermesslich. Manche Wünsche äußern wir spontan und situationsbedingt, ohne ihnen wirkliche Aufmerksamkeit zu schenken. Das klingt wie: „Jetzt müsste man ... (zum Beispiel fliegen) können." Andere Wünsche begleiten uns über einen kürzeren oder längeren Zeitraum, bis sie entweder erfüllt werden oder wir das Interesse daran verlieren. Und dann hoffen wir noch auf die Erfüllung jener innigen Wünsche, die wir schon seit langen Jahren sehnsüchtig in unseren Herzen tragen.

Wie wir bereits gehört haben, sind Gedanken eine starke Energie. Wir sollten uns unsere Wünsche, die durch unsere Gedanken geformt werden, anschauen und prüfen, ob ihre Erfüllung uns wirklich glücklich macht, ob sie für uns selbst und alle Beteiligten richtig und gut ist. Mach dir deutlich, ob es sich lohnt, diesem Wunsch die nötige Energie zu widmen.

Vielleicht fragst du jetzt: Welcher Wunsch könnte es nicht wert sein, meine Aufmerksamkeit und Energie zu bekommen, um sich zu verwirklichen? Glaubst du wirklich, dass du noch keinen Wunsch geäußert hast, dessen Erfüllung dir Schaden zufügen könnte? Ich denke, anhand des folgenden Beispiels wirst du dich, liebe Leserin, lieber Leser, an ein solches Missgeschick erinnern können.

Wie war es also während deiner Schulzeit? Gab es da nicht auch für dich Situationen, wie etwa eine angekündigte Klassenarbeit, deren Lernstoff du noch nicht ganz verstanden hattest, oder eine bevorstehende ungeliebte Sportveranstaltung? Hast du dir da vielleicht im Stillen gewünscht, an diesem Tag krank zu sein oder dir gar den Fuß zu verstauchen, um nicht teilnehmen zu müssen? Aha! Aber du weißt sicher, wie unangenehm es ist, wenn du wirklich krank im Bett liegst, lustlos, schlapp, fiebrig. Wäre dein Wunsch damals in Erfüllung gegangen, hättest du ihn unter Umständen bereut.

Vielleicht fallen dir weitere Wünsche ein, deren Erfüllung ganz offensichtlich nachteilig wäre. Da aber in unserem Universum nichts verloren geht, auch unsere Gedanken nicht, die sich zu manifestieren versuchen, sollten wir uns unserer Wünsche bewusst werden und diejenigen, deren Erfüllung fatal wäre, löschen, die „Bestellung“ also rückgängig machen.

Die Engel können dir zunächst bei der Entscheidung, ob dein Wunsch wirklich in Erfüllung gehen soll, helfen. Hast du den Wert deines Wunsches erkannt, so kannst du sie einerseits bitten, seine Erfüllung zu unterstützen oder aber dir dabei behilflich zu sein, deinen Wunsch loszulassen, indem sie ihm die Energie zur Verwirklichung entziehen.

Betrachte einmal deine Wünsche hinsichtlich ihrer möglichen Erfüllung. Was würde sich dadurch für dich verändern? Bringt es wirklich nur Vorteile für dich? Erfährt jemand anderes dadurch etwa einen Nachteil? Würde sich die neue Situation positiv auf dein persönliches Verhältnis oder auf die Beziehung zu deinen Mitmenschen auswirken? Fördert die Erfüllung des Wunsches deine Entwicklung oder wird diese gar behindert? Versuche also zu erkennen, ob dich die Erfüllung deines Wunsches wirklich glücklich machen würde. Schau, ob dein Wunsch lediglich eine Laune deines Egos ist.

Viele Wünsche basieren auf dem Reiz, mit den anderen mithalten zu können. Nicht selten werden die Wünsche auch „künstlich“ durch die Werbung geweckt. Die Erfüllung dieser Wünsche schenkt jedoch meistens keine nachhaltige Befriedigung und macht nicht wirklich glücklich. Oft folgt schon bald eine neue Sehnsucht, ein neuer Wunsch erwacht, dessen Erfüllung ebenso wenig Zufriedenheit schenkt. Dies ist ein Teufelskreis, dessen wir uns häufig nicht einmal bewusst sind. Wir wundern uns lediglich, warum wir nie zufrieden sind, obwohl doch all unsere Wünsche in Erfüllung gehen.

Durch die vorstehenden Ausführungen soll nicht der Eindruck entstehen, es wäre falsch zu wünschen. Selbstverständlich hast du ein Recht auf all deine Wünsche und natürlich auch auf deren Erfüllung, doch solltest du prüfen, ob ihre Verwirklichung wirklich nützlich und sinnvoll ist, ob sie dir auf irgendeine Weise helfen kann, dir guttut und/oder dich glücklich macht.

Lass dich von den Engeln unterstützen, damit all die Wünsche, die deinem und dem Wohle aller Beteiligten dienen, in Erfüllung gehen können. Das Universum hält seine unendliche Fülle für jeden bereit. Es schenkt dir alles, was du brauchst, und noch viel mehr. Schau dir deine Wünsche an. Wünsche bewusst! Stärke deine Wünsche mit Hilfe deiner Gedankenenergie und vertraue darauf, dass das Universum für dich sorgt und deine Sehnsüchte und Wünsche erfüllt, sofern sie im Einklang mit deinem Lebensplan stehen.

Meditation: Engel der Wünsche

Stell dir vor, du sitzt auf einer herrlichen Sommerwiese. Die Sonne wärmt deine Haut und erfüllt dich mit Lebensfreude. In dir spürst du Harmonie und Zufriedenheit. Dein Atem geht ganz ruhig und gleichmäßig. Während du in den strahlend blauen Himmel aufschaust beginnst du ein wenig zu träumen.

Eine kleine, weiße Wolke erregt deine Aufmerksamkeit. Sie zieht allein über den blauen Himmel und kommt ganz langsam näher. Wenn du sie direkt über dir erblickst, beginnt sie ganz sachte zu sinken. Sie kommt zu dir herab. Ganz behutsam hüllt sie dich ein und nimmt dich auf. Du machst es dir auf dieser Wolke bequem, fühlst dich vollkommen geborgen. Das Gewicht deines Körpers scheint von dir abzufallen, denn du bemerkst, wie die Wolke mit dir zu steigen beginnt und dich dem Himmel entgegenträgt, so hoch, wie es für dich angenehm ist.

Sie zieht über die Wiese hinweg. Wenn du hinunterschaust, siehst du die Sommerwiese mit all ihren bunten Blumen und grünen Bäumen. So trägt dich die Wolke über Wälder und Felder hinweg. Unter dir siehst du einen Fluss, auf dem die Lichtfunken der Sonne tanzen. Du genießt es, ganz entspannt auf deiner Wolke durch die laue Sommerluft zu gleiten. Frieden und Ruhe erfüllen dich. Während dich deine Wolke weiter und weiter trägt, fühlst du dich weit, frei und unendlich leicht.

Du lässt Raum und Zeit hinter dir. Alles wird gleich gültig

und so schwebst du hinaus aus deiner gewohnten Realität, hinein in ein helles Licht aus Regenbogenfarben. Ganz allmählich bemerkst du, wie deine Wolke zu sinken beginnt. Behutsam landet sie in einem wunderschönen Tal, das einem Märchenland gleicht. Schau dich um. Sieh diese traumhafte Landschaft und lass dich von ihr verzaubern.

Jetzt bemerkst du, dass du nicht allein bist. Viele wundervolle Engelwesen warten hier auf die ihnen anvertrauten Menschenkinder.

Voller Freude wartet auch dein Engel der Wünsche auf dich. Du erkennst ihn sofort an seiner liebevollen und freudigen Ausstrahlung. Er sieht genauso aus, wie du ihn dir vorgestellt und erwartet hast. Vielleicht hat er die Gestalt eines wunderschönen Engelwesens, so, wie du es von Bildern her kennst. Möglicherweise zeigt er sich in einem farbigen Energiewirbel oder du erkennst ihn an seinem Duft. Du gehst auf ihn zu und wenn du ihn jetzt erreicht hast, begrüßt ihr euch herzlich. Dabei lässt du dich liebevoll von ihm umarmen. Spüre seine Kraft und Stärke.

Der Engel deiner Wünsche ist dir sehr vertraut. Es ist, als hättest du eine Begegnung mit einem guten alten Freund. Ihr sucht euch einen gemütlichen Platz, an dem ihr es euch bequem macht. Dann erzählst du deinem Engel von deinen Wünschen und Sehnsüchten. Lass dir Zeit.

Geduldig hört er dir zu. Du fragst ihn, was sich durch die Erfüllung deiner Wünsche in deinem Leben, deiner Umwelt und in deinen Beziehungen zu anderen Menschen verändern kann. Du fragst, ob dich die Erfüllung deiner Wünsche glücklich machen wird, ob sie dir helfen kann, dich weiterzuentwickeln. Wird sie für dich und andere zum Vorteil sein? Oder benachteiligt sie möglicherweise jemanden? Bitte den Engel der Wünsche, dir bei der Erkenntnis zu helfen, ob es sich um Wünsche deines Herzens handelt oder ob sie lediglich der Befriedigung deines Egos dienen.

Der Engel der Wünsche sendet dir seine Energie und durch ihn erhältst du nun Klarheit darüber, was die Erfüllung deiner Wünsche mit sich bringen würde. Während du dir Zeit nimmst, spürst du seine Unterstützung.

Wenn du magst, diskutiere mit ihm über das Für und Wider deiner Wünsche. Lass dich von deinem himmlischen Freund beraten. Er kann dir helfen, Antworten auf all deine Fragen zu finden.

Solltest du nun erkennen, dass ein Wunsch lediglich deinem Ego entspringt, ohne dich wirklich glücklich zu machen oder dir zu helfen, so kannst du dich nun von deinem Wunsch befreien, ihn loslassen. Übergib diesen Wunsch deinem Engel und bitte ihn, ihm die Energie zur Erfüllung zu entziehen.

Erkennst du jedoch, dass die Erfüllung deines Wunsches dir Segen schenken wird, bitte deinen Engel um Unterstützung. Bitte ihn, die notwendigen Energien zu aktivieren und zu unterstützen, damit sich dieser Wunsch erfüllen kann.

Sanft berührt der Engel der Wünsche deine Augenlider und vor deinem inneren Auge erfüllt sich dein Wunsch. Es tauchen Bilder auf, die dir zeigen, wie es sein wird, wenn dein Wunsch Realität geworden ist. Nimm diese Bilder mit all deinen Sinnen wahr. Erlebe sie ganz real und stärke sie durch deine Gedankenenergie. Lass dir genügend Zeit dazu. Durch deine Gedankenenergie erhält dein Wunsch die Kraft zur Verwirklichung.

Wenn dann das letzte Bild verblasst ist, sage: „So sei es." Dein Engel bestätigt dir: „So sei es." Er macht dich darauf aufmerksam, wie wichtig es ist, die Erfüllung des Wunsches schon als Realität zu betrachten. Freue dich schon jetzt auf die Erfüllung.

Während du nun dreimal ganz tief und gleichmäßig ein- und ausatmest, nimmst du die unterstützende Kraft deines Engels wahr. Du spürst, wie in dir Zuversicht, Erwartung und Freude wachsen. Verweile so lange du magst in dieser wundervollen Energie.

Dann verabschiede dich dankbar von deinem lieben Engel. Lass dich zum Abschied noch einmal von ihm umarmen. Wende dich dann wieder deiner kleinen, weißen Wolke zu, die geduldig auf dich wartet. Behutsam nimmt sie dich wieder auf. Während du zurückschaust und deinem Engel noch voller Freude zuwinkst, trägt sie dich bereits sachte durch das helle Regenbogenlicht, zurück in deine Realität. Genieße während dieser Reise noch einmal die Freiheit und Weite. Spüre die Freude und Zuversicht in dir.

Behutsam beginnt die kleine Wolke hinabzusinken und ganz langsam landest du auf deiner Wiese. Nachdem du die Wolke verlassen hast, machst du es dir in dem weichen, duftenden Gras noch einen Moment gemütlich und schaust zu, wie die Wolke wieder zum Himmel aufsteigt um gemächlich mit vielen Schäfchenwolken weiterzuziehen. Genieße noch ein wenig die warmen Sonnenstrahlen auf deiner Haut.

Du bist ganz entspannt und spürst auch jetzt noch die Anwesenheit deines Engels der Wünsche. Auch wenn er deinem Auge nicht mehr sichtbar ist, weißt du doch, er ist stets an deiner Seite. Du weißt, du darfst darauf vertrauen, dass er alle Energien aktivieren wird, um deinen Wunsch zu erfüllen.

Wenn du dann dazu bereit bist, lass dich ganz sanft von deinem Atem wecken. Spüre deinen Körper. Atme tief ein. Öffne deine Augen und gehe erfrischt, entspannt und in Erwartung der Erfüllung deiner Wünsche zurück in deinen Alltag.

Selbstvertrauen

Selbstvertrauen bedeutet, dass wir uns selbst vertrauen. Da unsere Seele vollkommen ist, besteht grundsätzlich kein Anlass für irgendwelche Zweifel an der eigenen Person. Um die bevorstehenden Aufgaben ihres Lebenswegs lösen zu können, bringt die Seele all die Charakterzüge, Eigenschaften und Fähigkeiten, die sie hierfür benötigt, mit in ihr Menschsein. So besitzt also jeder Mensch die nötigen Energien, um erfolgreich die angestrebte Meisterschaft seines Lebens zu erlangen und glücklich und zufrieden leben zu können.

Leider kennen einige Menschen sich selbst nicht. Sie wissen nichts von all ihren Stärken oder bezweifeln, überhaupt Fähigkeiten zu besitzen. Nicht selten blockieren diese Menschen sich selbst und somit ihr Sein, weil sie sich zu wenig zutrauen und so viele Chancen in ihrem Leben ungenutzt verstreichen lassen. Diese Menschen leiden unter fehlendem Selbstvertrauen. Wie schade!

Jede Seele kommt zunächst selbstbewusst und voller Selbstvertrauen auf die Erde, denn vor ihrer Geburt weiß sie noch um ihre Vollkommenheit, ist sie doch eins mit allem, was ist. Mit Freude begegnet sie den Herausforderungen des Lebens. Doch die junge Seele ist sehr empfindsam, denn sie muss sich erst an ihre neue Schwingung und den Körper gewöhnen, der ihr doch enorme Grenzen setzt. Daher gilt es, behutsam und liebevoll mit der jungen Seele umzugehen. Aufgrund ihrer Begrenzungen durch den Körper und ihrer stark reduzierten Schwingung ist die Seele zu Beginn ihres Erdendaseins zudem noch ein wenig hilflos.

Wir wissen, dass alles Leben dem Gesetz des Wachstums folgt. Aus einem Samenkorn treibt ein Spross, er wächst zum jungen Baum, der mit zunehmendem Alter Früchte trägt. Diese Wachstumsfolge unterliegt einem Naturgesetz und kann durch nichts und niemanden verändert werden. Es ist unmöglich, die Frucht zu ernten, bevor der Samen aufgegangen und aus ihm ein Baum gewachsen ist. Auch der Mensch wächst allmählich heran, entfaltet nach und nach seine Fähigkeiten, ganz dem Gesetz der Natur folgend. Es bedarf der Zeit und Geduld, damit er wachsen und reifen, seine Fähigkeiten entfalten kann.

Im Hinblick auf die Tier- und Pflanzenwelt sind wir bereit, das Gesetz des Wachstums zu akzeptieren. Warum wird so häufig versucht, es in Bezug auf den Menschen zu brechen?

Die Seele des jungen Menschen ist voller Tatendrang und Neugier. Sie versucht ihre Welt zu erkunden, zu entdecken, Erfahrungen zu sammeln, die ihr auf ihrem weiteren Lebensweg hilfreich sein können. Wird das Streben der Seele durch ihre Umwelt unterstützt, begünstigt, gefördert, und werden auch die kleinen Erfolge lobend erwähnt, so können sich die Fähigkeiten der Seele entfalten. Sie wird sich deren bewusst. Daraus können Selbstvertrauen und auch Selbstbewusstsein erwachsen.

Sofern die junge Seele jedoch in ihrem Taten- und Erkundungsdrang blockiert wird, fällt es ihr schwer, ihre Fähigkeiten zu erforschen und zu erkennen. Oft treten sie durch diese Blockade niemals zutage und der Mensch hält sich selbst für unfähig, hilflos und manchmal sogar irrtümlicherweise für minderwertig. So verwundert es nicht, dass es ihm an Selbstvertrauen und somit auch an Selbstbewusstsein mangelt.

Die Erziehung ist wohl ein Faktor, der maßgeblich zum Selbstbewusstsein beiträgt beziehungsweise dieses verhindert. Darf das Kind sich seinem Entdeckergeist entsprechend entfalten, so hat es eine gute Basis für ein erfolgreiches Leben. Sofern seine Triebe jedoch unterdrückt werden, es sich gar Kritik aussetzen muss, die durch keinerlei oder nur durch wenig Anerkennung ausgeglichen wird, kann sein Selbstvertrauen einen sehr großen Schaden nehmen, der meist nur schwer wieder zu beheben ist. Es besteht die Gefahr, noch als erwachsener Mensch ein Leben im Schatten zu fristen, weil Talente, Wissen und Weisheiten verkümmern, allein, weil diese nicht erkannt und somit auch nicht anerkannt werden.

Kritik ist ein weiterer Faktor, der das Selbstbewusstsein beeinflusst. Sie kann sowohl Antrieb als auch Bremse sein, worüber einerseits der Charakter, andererseits die Art der Kritik entscheidet. Wohlgemeinte Kritik kann sehr hilfreich sein, da sie zum Nachdenken anregt und eine Verbesserung oder Steigerung ermöglicht. Negative Kritik kann jedoch der Person wie auch einem Projekt alle Energie entziehen. Nimmt eine solche Kritik überhand, besteht die Gefahr, dass der Mensch, je nach Charakter, an sich zu zweifeln beginnt und mutlos wird. Dies kann den Verlust des Selbstvertrauens zur Folge haben.

Natürlich ist zu beachten, ob es sich um berechtigte oder unberechtigte Kritik handelt. Selbst bei fachlicher Kritik gilt: „Der Ton macht die Musik.“ Häufig wird jedoch auch inkompetent kritisiert. Nicht jeder besitzt das nötige Hintergrundwissen, das überhaupt zur Kritik befähigt. Besonders in Angelegenheiten, die im Zusammenhang mit einer Lebensaufgabe stehen, dürften anderen die notwendigen Kenntnisse fehlen.

Wer bereits unter mangelndem Selbstvertrauen leidet, läuft Gefahr, sich durch Kritik zusätzlich entmutigen zu lassen. Dies kann zur Folge haben, dass er künftig den Versuch vermeidet, sich und andere von seinem Können und Wissen zu überzeugen.

So verliert dieser Mensch unter Umständen zusehends sein Selbstbewusstsein.

Dem persönlichen Lebensplan entsprechend, hat selbstverständlich jeder Mensch individuelle Fähigkeiten, nämlich genau jene, die er zur Erfüllung seiner Lebensaufgaben benötigt. Häufig ergeben sich aber erst im Verlaufe des Lebens die Notwendigkeit und Gelegenheit, diese Talente zu nutzen. Zu diesem Zeitpunkt ist dann die Chance gekommen, sein wahres Können zu erkennen und der Welt zu zeigen. Nicht selten lernt ein Mensch so seine Stärken und dadurch auch seinen Weg kennen. Doch bereits, bevor die Fähigkeiten und Talente zum Tragen kommen, sind sie vorhanden und tragen ganz entscheidend zur Persönlichkeit und zum Selbstwertgefühl des einzelnen Menschen bei.

Da es unmöglich ist etwas zu erkennen, dessen Existenz dir nicht einmal bekannt ist, empfehle ich dir auch hier, die Hilfe der Engel in Anspruch zu nehmen. Sie können dir zu den wichtigen Erkenntnissen zu den Fragen verhelfen, wer du bist, was du kannst und vor allem, welches deine Werte und somit deine Schätze und Reichtümer sind, die deinen ganz persönlichen Selbstwert ausmachen und zudem dein Selbstvertrauen und Selbstbewusstsein wachsen lassen.

Sei bereit, diese Schätze wirklich zu sehen und anzuerkennen. Werte auch nicht eine deiner Fähigkeiten und Talente ab, so gering sie dir auch erscheinen mögen. Die Vielzahl der Möglichkeiten, die sie dir bieten, kannst du als Mensch vielleicht nicht erfassen. Doch deine Seele weiß, warum sie gerade dieses Talent mit in das jetzige Leben bringt. Schließlich fertigte sie ihren Lebensplan, während sie in der Einheit weilte beziehungsweise sich dieser Einheit bewusst war und über alles Wissen des Seins verfügte. Glaubst du, sie würde sich mit nutzlosen Talenten und Fähigkeiten auf ihren Lebensweg machen?

Meditation: Engel des Selbstvertrauens

Stell dir vor, du sitzt auf einer wunderschönen Wiese. Du fühlst die Wärme der Sonnenstrahlen auf deiner Haut, hörst das Zwitschern der Vögel über dir und riechst den frischen Duft von Gras und Kräutern. Du beobachtest einen bunten Schmetterling, wie er leicht über die Wiese fliegt, um sich dann auf einer bunten Blüte niederzulassen.

Dein Atem geht ganz ruhig und gleichmäßig. Du entspannst dich immer mehr. In dir ist Frieden. Du sitzt einfach da und hängst deinen Träumen nach.

Mit einem Mal bemerkst du eine sanfte Berührung an deiner Schulter. Du blickst auf und erkennst vor dir einen Engel. Dieser Engel ist dir heute erschienen, um dein Selbstvertrauen und Selbstwertgefühl zu stärken. Lass dich freudig von ihm begrüßen und in seine starken Arme schließen. Diese himmlische Umarmung schenkt dir Wärme und Liebe.

Der Engel des Selbstvertrauens lädt dich ein, ihn zu begleiten und so steigst du mit ihm einen kleinen Pfad hinab. Dieser Pfad scheint dir vertraut, auch wenn du ihn vielleicht lange nicht mehr gegangen bist, doch du gehst ihn voller Erwartung und Freude. Jeder Schritt, der dich tiefer in ein wunderschönes blühendes Tal führt, bringt dich auch tiefer in deine eigene Mitte.

Neben deinem Weg rauscht ein Wasserfall in ein kleines Becken, erfrischend und belebend. Sein Wasser ist ganz klar und rein, und du siehst, wie sich im aufspritzenden Wasser das Sonnenlicht bricht und einen bunten Regenbogen malt. Dieser Regenbogen bildet eine Brücke. Da du in der Schwingung des Engels ganz leicht wirst, kann er dich über die Regenbogenbrücke auf die andere Seite geleiten. Nachdem ihr euch dort drüben den Weg durch hohes Gras und Gebüsch gebahnt habt, gelangt ihr vor eine versteckte Grotte. Schon an ihrem Eingang siehst du viele der funkelnden Kristalle, welche diese Höhle beherbergt.

Ermunternd führt dich dein Engel in dieses zauberhafte Reich. Er begleitet dich in dein eigenes Inneres, deine Mitte, die Kammer deiner Schätze. Hier lässt er nun ein helles Licht erstrahlen, so dass die Kristalle in der ganzen Vielfalt ihrer Farben zu glitzern und funkeln beginnen. Der Engel des Selbstvertrauens erinnert dich daran, dass du hier all deinem inneren Reichtum gegenüberstehst. Möglicherweise hast du bisher deine Augen vor ihm verschlossen oder ihn einfach nicht erkannt. Jeder Kristall ist ein wundervoller Schatz. Er symbolisiert jeweils eine deiner Fähigkeiten, Tugenden, Stärken, Talente und deiner wundervollen Charaktereigenschaften. Du stehst all deinem eigenen Glanz gegenüber.

Lass dir nun Zeit, um dir all deine inneren Werte und Schätze anzuschauen. Werde dir deines inneren Reichtums bewusst. Vielleicht streckst du deine Hand nach diesen Schätzen aus, um sie zu berühren, sie dir genauer anzuschauen und um sie deutlich zu entdecken. Vielleicht erkennst du ihren Glanz erst, wenn du darüberreibst und die dicke Staubschicht entfernst. Du hast all die Zeit, die du dir wünschst, um dir deiner Werte bewusst zu werden.

Der Engel des Selbstvertrauens macht dich auf weitere Schätze aufmerksam. Er erklärt dir ihre Werte, derer du dir bisher nicht bewusst warst. Erfasse deinen Reichtum. Erkenne dich selbst. Nimm dir Zeit.

Lass dir nun von deinem Engel einen goldenen Spiegel reichen. In diesem Spiegel erblickst du nun dein wahres Ich in seiner vollkommenen Schönheit und mit all seinem inneren Reichtum. Der Anblick dieses einmaligen, von Gott geschaffenen Wesens verzaubert dich. Erkenne, dass Gott dich mit all den Gaben beschenkt hat, die du für dein jetziges Leben benötigst. Nimm dankbar diese Schätze an. Es ist sein Wunsch an dich, sie zu ehren und zu gebrauchen. Verstecke sie nicht und werte sie nicht ab. Erkenne durch sie deinen persönlichen Reichtum, der dich selbstbewusst macht und dir Vertrauen, dein Selbstvertrauen, schenkt.

Dein Engel umarmt dich zärtlich und liebevoll. So spürst du seine Energie, die dich umfließt, in dich hineinströmt und dein Selbstbewusstsein stärkt. Sie schenkt dir Selbstvertrauen. Du erinnerst dich daran, ein Kind Gottes zu sein, ein Teil der unendlichen allumfassenden Einheit. Aus der Quelle der Vollkommenheit bist du geboren, daher kann auch deine Seele nur vollkommen sein.

Bitte nun den Engel, dir auch in deinem Alltag zu helfen und dich stets an deine inneren Schätze, deinen Reichtum, zu erinnern, damit so dein Selbstvertrauen gestärkt wird.

Wenn du nun eine Frage an deinen Engel hast oder ihn um einen Rat bitten möchtest, so hast du jetzt noch genügend Zeit dazu.

Bevor dich der Engel des Selbstvertrauens aus dieser wundervollen Grotte hinausführt, schaust du noch einmal in den Spiegel. Nimm das herrliche Bild deines wahren Ichs in deinem Herzen auf und trage es zusammen mit deinen inneren Schätzen hinaus in deinen Alltag.

Lass dich nun von dem Engel des Selbstvertrauens zurückführen. Steige mit ihm voller Freude und Zuversicht über den schmalen Pfad hinauf zu der wunderschönen Wiese. Mit jedem Schritt, den du gehst, fühlst du, wie du wacher wirst. Du verspürst in dir die Kraft, die dir Selbstvertrauen schenkt und dein Selbstbewusstsein stärkt.

So gelangst du an der Seite deines Engels zurück auf die Wiese. Er führt dich dort zu einem kleinen, ruhigen Teich. Seine Oberfläche ist ganz glatt und glänzt silbern. Auch hier erblickst du noch einmal das Spiegelbild deines wahren Ichs. Es ist selbstbewusst, ruhig und entspannt, voller Vertrauen und Zuversicht. In deinen Augen erkennst du deine Vollkommenheit.

So dankst du jetzt deinem Engel des Selbstvertrauens für deine heutigen Erkenntnisse, die du mit seiner Hilfe machen durftest. Mit dem Wissen um seine Nähe und seinen Beistand löst du dich nun ganz allmählich aus dieser Situation und wenn du dazu bereit bist, lässt du dich langsam wieder von deinem Atem wecken. Erst, wenn es für dich angenehm ist, spürst du allmählich wieder deinen Körper, und erst wenn für dich der richtige Augenblick gekommen ist, atmest du ganz tief ein, öffnest in deinem Tempo deine Augen und kommst zurück in das Hier und Jetzt.

Deine Gedanken beeinflussen deinen Erfolg

Erfolg ist ein wichtiger Aspekt in unserem Leben, der besonders zu unserer Zufriedenheit beiträgt. Mag er noch so klein und unbedeutend scheinen, so schenkt er uns doch die Energie, auf unserem Lebensweg voranzuschreiten und unsere Aufgaben zu meistern. Erfolg lässt sich nicht allein an materiellem Reichtum messen, denn es gibt viele Arten des Erfolgs, deren Auswirkungen ebenfalls vielfältig sind. So können wir beispielsweise zwischen beruflichem und privatem, persönlichem, Erfolg unterscheiden.

Gut und Geld basieren unter anderem auf beruflichem Erfolg, während Ausgeglichenheit, Harmonie und Glückseligkeit Werte sind, die auch auf privaten, persönlichen, Erfolg zurückzuführen sind. Wenn du aufgrund deiner Art beliebt bist, kannst du dies als persönlichen Erfolg ansehen. Auch der Beifall nach einer Gesangsvorstellung, ob im Familienkreis oder auf einer Konzertbühne, zeigt deinen Erfolg. Selbst, wenn du deine Angst überwindest, um eine Katze zu streicheln oder eine Spinne einzufangen, ist dies für dich kein geringer Erfolg, auf den du voll Stolz blicken kannst.

Persönliche Erfolge tragen also ebenso zu deiner Zufriedenheit und Erfüllung deiner Lebensziele bei. Auch, wenn dein Lebensplan keinen großen finanziellen Reichtum vorsieht, so sind in ihm sicherlich vielfältige Möglichkeiten für deine persönlichen Erfolge enthalten. Erfolg hängt aber nicht allein von den äußeren Einflüssen oder vom Können ab, ganz gleich, ob du den Erfolg darin siehst, an den Olympischen Spielen teilzunehmen, eine Karriere als Manager zu machen oder aber einfach nur darin, deinen Bus rechtzeitig zu erreichen, wenn du verschlafen hast. Ebenso entscheidend sind auch die Gedanken und Einstellungen, mit denen wir an den Erfolg glauben.

Wenn du von vornherein den Erfolg des angestrebten Ziels bezweifelst oder gar deine diesbezüglichen Fähigkeiten in Frage stellst, besteht die Gefahr, dass du selbst den Erfolg blockierst oder gar verhinderst. Jeder Zweifel entzieht dem erwünschten

Erfolg die nötige Energie, während ihm der Glaube an ihn die Kraft zur Manifestation gibt. Die Energie folgt der Aufmerksamkeit. Mit deiner Gedankenenergie trägst du sowohl zur Gestaltung, wie auch zu den Abläufen und somit auch zu den Erfolgen deines Lebens bei. Positives Denken ist der erste Schritt zum Erfolg.

Wie sehr unsere Gedanken auf die Abläufe des Alltags einwirken, wird uns häufig erst durch ein Missgeschick deutlich. Vielleicht warst auch du schon einmal ganz darauf bedacht, ein Missgeschick zu vermeiden, das dann erst recht eingetreten ist. Hier ein kleines Beispiel: Du sitzt in einem guten Restaurant und trägst dein neues Kleid. Du bemühst dich, nur ja keinen Soßenspritzer daraufzukleckern. Gerade in solchen Augenblicken, in denen in unserem Kopf das ständige Warnsignal „nicht kleckern." ertönt, passiert es: Das Fleisch rutscht beim Schneiden vom Teller und landet natürlich gerade auf dem guten Stück oder wir stoßen gar das Glas mit dem Rotwein um, der sich über die Hose des Tischnachbarn ergießt. Solche oder ähnliche Begebenheiten zählen zu den Missgeschicken des Alltags, nach dem Prinzip "Die Energie folgt der Aufmerksamkeit".

Jetzt fragst du wahrscheinlich nach der Logik. Schließlich hieß die Botschaft doch „*nicht* kleckern". Stimmt, aber hier gilt es, ein zweites Gesetz zu beachten. Unser Unterbewusstsein nimmt keine Verneinungen wahr und streicht daher Worte wie „nicht" und „kein". So erhielt das Unterbewusstsein im vorstehenden Fall lediglich die Botschaft „kleckern" und diese Aufforderung wurde auch prompt befolgt.

Wir lernen aus diesem Beispiel, wie gesagt, dass die Energie der Aufmerksamkeit folgt. Daher sollten wir auch unbedingt auf unsere Wortwahl achten. Die Zauberformel lautet: Positiv denken. Unsere Gedanken sollten frei von Verneinungen und negativ behafteten Wörtern bleiben. Schon das Wort „kleckern" hat einen negativen Beigeschmack. Richtig wäre es zu denken: „Alles geht gut" oder „Ich bin geschickt" oder Ähnliches.

So, wie unsere negativen Gedanken die Ereignisse entsprechend beeinflussen, wirkt sich auch die positive Gedankenenergie auf unser Geschick vorteilhaft aus. Leider sind viele Zeitgenossen heute eher pessimistisch veranlagt. Sie haben den Glauben daran verloren, dass sie auf ihr Wohl und Glück selbst Einfluss nehmen können. Es wird höchste Zeit, diese Einstellung zu verändern.

Liebe Leserin, lieber Leser, deine Außenwelt ist ein Spiegel dessen, was du in deinem Inneren denkst, fühlst und für möglich hältst. Glaubst du, alles wäre hoffnungslos und jeder Versuch sinnlos, so wirst du deine Umwelt tatsächlich als hoffnungslos erleben, und all deine Ziele sind schon von Beginn an zum Scheitern verurteilt. Sofern du aber dein Außen als einen magischen Ort der unbegrenzten Möglichkeiten siehst und du fest vom Gelingen deiner Vorhaben überzeugt bist, darfst du auch mit dem Erfolg rechnen. Wichtig ist es, wie *du* deine Außenwelt wahrnimmst, und nicht, wie deine Mitmenschen sie beurteilen. Deine inneren Bilder sind die Basis für dein Außen. Bist du, etwa aufgrund der täglich berichteten schlechten Wirtschaftslage, vom Scheitern deiner Ideen überzeugt, so ist deren Umsetzung beinahe nutzlos, da du ihnen die nötige Energie zum Erfolg entziehst. Lässt du dich dagegen nicht von den pessimistischen Stimmen der Medien und denen deiner Mitmenschen beeinflussen und glaubst an die Genialität deiner Idee, und daran, dass alle Welt nur auf deren Umsetzung wartet, so hast du bereits die erste Hürde auf dem Weg zum Erfolg genommen.

Bitte daher den Engel des Erfolgs, dich von deinen Ängsten und Zweifeln zu erlösen und dir die Erkenntnis der Unbegrenztheit aller Möglichkeiten zu schenken. Es ist wichtig, dass du nicht nur daran denkst, dass alles möglich ist, sondern dass du auch in deinem tiefsten Inneren daran glaubst und davon überzeugt bist. Wenn du deine ganze Aufmerksamkeit auf deinen Erfolg richtest und den erwünschten Zustand zudem vorab visualisierst, schenkst du dem Projekt noch mehr Energie und erhöhst dadurch noch die Aussicht auf deinen Erfolg.

Nun entspanne dich und begib dich auf eine Fantasiereise mit deinem Engel des Erfolgs.

Meditation: Engel des Erfolgs

Stell dir vor, du sitzt in der unendlichen Weite einer Wüstenlandschaft. Es ist früh am Morgen und der Mantel aus leuchtenden Strahlen, den die Sonne sanft über dich breitet, schenkt dir eine angenehme Wärme. Mitten in einem Meer aus Sand sitzt du, blickst hinaus in diese wie in Gold getauchte, wellige Dünenlandschaft. Du schaust dem Wind zu, der wie mit einem feinen Pinsel geheimnisvolle Linien in den Sand malt.

Da ist diese wunderbare Stille, die dich beinahe wie eine Melodie erreicht. In dieser Stille kannst du deinen eigenen beruhigenden Herzschlag hören. Lass die Ruhe und den Frieden deiner Umgebung auch in dich einkehren. Spüre, wie du dich vollkommen entspannst. Deine Gedanken verlieren sich in dieser unendlichen Weite. Vielleicht schließt du ein wenig die Augen, genießt es, dich einfach dem Augenblick hinzugeben und den weichen, warmen Wüstensand unter dir zu spüren.

Du weißt nicht, wie lange du schon so entspannt hier sitzt, wenn du nun einen leichten Schatten vor deinen geschlossenen Augen bemerkst. Öffne deine Augen und sieh den prunkvollen Engel, der sich heute auf den Weg zu dir gemacht hat. In einem wundervollen Licht steht er vor dir und vermittelt dir seine Stärke und friedvolle Macht. Du vernimmst seine Schwingung, die dir die Energie des Erfolgs vermittelt.

Lass dich von dieser Schwingung einfangen. Lass dich von dem Engel des Erfolgs umarmen und begrüße ihn freudig an deiner Seite. Spüre wie dich die Aura des Engels umgibt, wie ein wärmendes Sonnenbad. Deine Haut, dein ganzer Körper, bis tief in dein Inneres, wird durchzogen von seiner unglaublichen Energie. Du nimmst ganz deutlich wahr, wie diese Energie dir Kraft schenkt, indem sie in dich einströmt, sich in dir ausbreitet, wächst und verankert wird.

Der Engel des Erfolgs macht dir deutlich, welchen Einfluss deine Einstellung und Gedanken auf deinen wahren und dauerhaften Erfolg ausüben. Er erklärt dir, dass du mit deinen Gedanken deine Wirklichkeit erschaffst und dass derjenige, der an den

Erfolg glaubt, ihn für möglich hält, ihn auch erfahren kann. Mit möglichen Zweifeln entziehst du dem Erfolg die nötige Energie zur Realisierung.

Deine Außenwelt ist der Spiegel dessen, was du in deinem Inneren als wirklich und möglich ansiehst. Der Engel des Erfolgs ermuntert dich, die Unbegrenztheit deiner Möglichkeiten zu erkennen, damit du dich nicht selbst blockierst. Er weiß: Alles kann geschehen, wenn du es nur für möglich hältst und daran glaubst. Vertraue darauf: Der Glaube versetzt Berge.

Lass dir Zeit und werde dir der Bedeutung dieser Aussagen bewusst. Der Engel des Erfolgs schenkt dir Klarheit, so dass du die Richtigkeit seiner Ausführungen erfassen kannst. Während du von seiner machtvollen Energie, von der Schwingung des Erfolgs, mehr und mehr durchströmt und gestärkt wirst, erkennst du, dass du zu jeder Zeit deine Einstellung, deine Gedanken und damit dein Leben beeinflussen und verändern kannst. Du entschließt dich, schon jetzt damit zu beginnen.

In dir wächst das Vertrauen in den Fluss des Lebens und die himmlische Hilfe. Wenn du einen Moment innehältst, kannst du es jetzt sogar körperlich spüren.

Jetzt nimm dir Zeit und mach dir bewusst, wo du dir mehr Erfolg wünschst. Stell dir dann vor, wie dieser Erfolg eintritt und wie er dein Leben bereichert, dich glücklich und zufrieden macht. Es ist wichtig, dass du ein ganz deutliches Bild von deinem Erfolg hast. Je intensiver deine Vorstellung ist, umso mehr Energie fließt seiner Verwirklichung zu. Daher lass nun vor deinem inneren Auge Bilder von deinem erwünschten Ziel entstehen. Schenk ihnen deine Gedankenenergie, damit durch diese Kraft ihre Manifestation erfolgen kann.

Es ist wichtig, dass du dich nun von all deinen Ängsten und Zweifeln löst. Bitte den Engel des Erfolgs dir dabei behilflich zu sein, diese von dir abzutrennen, dich von ihnen zu befreien.

Voller Zuversicht bedankst du dich nun bei diesem starken Engel. Während er dich noch einmal fest in seine Arme schließt, spürst du ganz tief in dir die Energie des Erfolgs. Nimm wahr, wie du mit diesem Engel und seiner Kraft verschmilzt. Auch, wenn er sich ganz allmählich deinem Blick entzieht, so weißt du doch, dass er immer bei dir ist und dir gern seine Hilfe und Kraft schenkt.

Und dann siehst du dich wieder in dieser unendlichen Weite sitzen. Sieh die Wolken, die sich am Himmel formieren. Schau, wie sie sich auftürmen, öffnen und wie ein warmer, belebender Regen auf die Wüste hinabfällt, die nun zu herrlichem, buntem Leben erwacht. Überall beginnen grüne Pflanzen zu sprießen. Knospen springen auf und entfalten wunderschöne Blüten. Grün und blühend liegt das Land vor dir, geradeso wie dein Leben.

Voller Dankbarkeit und Zuversicht genießt du das Schauspiel der Natur. Unvorstellbar sind die Möglichkeiten ihrer Vielfalt. Du bist Teil dieser Natur, unbegrenzt sind auch deine Möglichkeiten.

So nimm dir nun all die Zeit, um dich mit dem Wissen um deine zukünftigen Erfolge aus dieser Situation zu lösen. Lass dir Zeit, um deinen Atem, deinen Körper zu spüren. Komme dann mit einem tiefen Atemzug und voller Freude zurück in Raum und Zeit. Öffne deine Augen um deiner blühenden Zukunft entgegenzusehen.

Was ist Dualität und wozu dient sie?

Mit dem Eintritt in das Erdenleben begibt sich die Seele auch auf eine Erlebnisreise in die Welt der Gegensätze. Während in der Einheit alles gleichzeitig und eins ist, erfährt die Seele nun, dass alles Irdische zwei sich ergänzende Pole besitzt. Somit unterliegt hier alles der Polarität, der Dualität. Auf dieser Erdenreise begegnet ihr nichts, was nicht auch über einen Gegenpol verfügt. Den Gegenpol des Lichts bildet beispielsweise die Dunkelheit, die Wärme ist der Gegenpol zur Kälte, und den Frieden können wir nicht ohne den Unfrieden erfahren. Nichts kann ohne Gegenpol bestehen. Würde ein Pol wegfallen, so würde sich auch der Gegenpol auflösen. Ohne Tag keine

Nacht. Jeder Pol findet daher in unserem Universum seine Berechtigung.

Nicht die Welt ist polar beziehungsweise dual, sondern lediglich unser Bewusstsein trennt alles in Gegensatzpaare. Alles besteht gleichzeitig, doch unserem Bewusstsein ist es nicht möglich, diese Gleichzeitigkeit zu erfassen. Wir können die unterschiedlichen Pole zwar in der Regel erkennen, doch können wir sie nur nacheinander betrachten oder erfahren. Ein Weg ist zum Beispiel immer gleichzeitig ein Hin- und auch ein Rückweg. Ausschlaggebend für seine Bezeichnung ist allein die Betrachtung. Gehen wir diesen Weg in Richtung auf unser Ziel, ist es für uns ein Hinweg. Gehen wir jedoch von unserem Ziel zurück zu unserem Ausgangspunkt, so ist es ein Rückweg. Doch ganz gleich, wie wir diesen Weg bezeichnen - es bleibt immer derselbe Weg. Aus der Tatsache, dass ausnahmslos alles zwei Pole besitzt, ergibt sich, dass auch jede Begebenheit ein Für und ein Wider hat und somit auch eine Berechtigung.

Die Dualität, für die Entwicklung unserer Seele unverzichtbar, veranlasst uns, ja, zwingt uns geradezu, ständig zwischen den Polen zu wählen und zu entscheiden. Das Ergebnis unseres Denkens und Handelns hängt von unserer Entscheidung ab. Durch die Erkenntnis des Gegenpols treffen wir die Entscheidung, die uns für die momentane Situation oder für unseren Lebensweg angemessen erscheint. So ist es uns möglich, die unterschiedlichen Erfahrungen zu sammeln, die den Erkenntnisschatz unserer Seele ergänzen, bereichern und letztendlich vervollständigen. Wir sind jederzeit gezwungen, uns zu entscheiden. Jedes Mal, wenn wir uns für einen Pol entscheiden, entscheiden wir uns automatisch gegen den anderen Pol. Selbst, wenn wir uns passiv verhalten, weder ja noch nein sagen, treffen wir eine Entscheidung. Nicht Entscheiden ist die Wahl, die wir gegen das Entscheiden treffen.

Wir haben selbstverständlich die Möglichkeit, uns jederzeit neu und somit anders zu entscheiden. Eine Entscheidung, die ich jetzt treffe, muss nicht für alle Zeit von Gültigkeit sein. Je nach Erfahrung, die ich durch diese Entscheidung mache, werde ich unter Umständen beim nächsten Mal eine andere Wahl treffen. Doch hängen meine Entscheidungen nicht immer vom Ergebnis meiner vorherigen Wahl ab. Manchmal entscheiden wir uns einfach unserer momentanen Stimmung entsprechend oder einfach ganz unbewusst im Rhythmus. Die meisten unserer Entscheidungen wechseln ständig, beispielsweise die zwischen schlafen und wachen, essen und nicht essen, arbeiten und ruhen, Bewegung und Stillstand. Du siehst, wir treffen in jedem Augenblick unseres Daseins, bewusst oder unbewusst, eine Wahl.

Ganz gleich, wie unsere Entscheidung ausfällt - im Universum hat alles seine Berechtigung, auch wenn dies unserem menschlichen Bewusstsein häufig völlig unverständlich erscheint. Beispielsweise fragen wir uns nach dem Sinn einer Katastrophe oder eines Unglücks. Wie ist es möglich, einen Sinn in Zerstörung und Leid zu finden! Doch auch sie haben ihre Berechtigung und ihren Sinn. Denn sie sind Teil eines großen Plans und immer Teil des Lebensplans der Betroffenen. Sie rütteln uns wach, bringen uns Erfahrungen, aus denen wir lernen können oder müssen und geben uns neue Sichtweisen und Erkenntnisse, auch wenn diese sehr schmerzhaft sind.

Viele Menschen fragen verzweifelt, warum Gott so viel Leid zulassen kann, warum beispielsweise unschuldige, kleine Kinder sterben müssen. Diese Menschen vergessen, dass sie - selbst die kleinen Kinder, deren Seele oft schon sehr reif ist - ihrem freien Willen entsprechend auf die Abläufe Einfluss nehmen. Nur erinnern sie sich nicht daran, dass ihre Seelen selbst diese Situationen in den Plan ihres Lebens aufgenommen haben, um gerade dadurch die fehlenden Erkenntnisse zu erlangen. Gilt es doch beispielsweise, zwischen Hoffnung und Verzweiflung, Aufgeben und Durchhalten, Hilfsbereitschaft und Gleichgültigkeit, Glaube oder Verleugnung und so weiter. zu entscheiden. Gerade diese Entscheidungen sind prägend für unser weiteres Leben. Sie erzeugen oft unvergessliche Erfahrungen und Einsichten, die den Menschen durch sein weiteres, aber auch künftiges Leben begleiten werden.

Könnten sich die Menschen darüberhinaus erinnern, dass jede Seele, dem Rhythmus folgend, nach ihrem Erdenleben unbeschadet und mit einem wertvollen und unersetzlichen Erfahrungsschatz in die Einheit zurückkehrt, in der Leid und Schmerz aufgehoben und in der alle Seelen wieder in Frieden vereint sind, fiele es ihnen leichter den Sinn auch im leidvollen Geschehen zu suchen und ihn vielleicht sogar zu finden. Das Leid ist nur ein Pol in der Welt der Erfahrungen, und die Dauer eines Erdenlebens, erst recht die Dauer des Leids, nur ein Wimpernschlag im Vergleich zur Ewigkeit. Auch, wenn uns diese Zeitspanne gelegentlich unendlich erscheinen mag.

Da alles in der Dualität seinen Gegenpol hat, besteht auch ein Gegenpol zum Leid. Dieser ist die Freude. Oft prägt das Leid den Menschen so stark, dass er sich in seinem weiteren Leben den Freuden verschließt. Doch besitzt er auch dann noch den freien Willen. Der Mensch hat die Wahl, sich weiterhin für das Leid zu entscheiden oder erneut der Freude Raum zu schenken. Er hat die Wahl zu verzweifeln, weil ihn das „Schicksal" ereilt hat, oder zu jubeln, weil er es überstanden hat.

Jedoch beinhaltet nicht jeder Lebensplan erschütternde Katastrophen und Unglück. Der Lebensplan vieler Seelen enthält neben kleineren und größeren Tragödien, Freuden und Erfolgen überwiegend Alltagssituationen, die ihnen helfen ihr Wissen zu erweitern.

Die Polarität bringt es mit sich, dass wir uns mit einem Pol identifizieren und diesen daher als positiv bewerten, während wir nicht selten den Gegenpol ablehnen. Das heißt, wir selbst haben uns zum Beispiel für den Fleiß entschieden, während wir die Trägheit oder Faulheit der anderen verurteilen.

Wie wir aber bereits erfahren haben, hat jeder Pol seine Berechtigung. Es gibt Zeiten, in denen Fleiß sicherlich sinnvoll ist. Doch ebenso ist es von Zeit zu Zeit wichtig, nichts zu tun, also träge und faul zu sein, damit sich der Körper regenerieren kann. Alles unterliegt dem Gesetz des Rhythmus. Alles hat seine Berechtigung.

Im vorstehenden Beispiel fällt es uns leicht, die Berechtigung der unterschiedlichen Pole zu erkennen, auch wenn wir sie nicht immer akzeptieren möchten. Wenn wir uns für einen Pol entscheiden, wünschen wir uns häufig, dass er auch von allen anderen befürwortet oder zumindest akzeptiert wird. Doch jeder Mensch hat aufgrund seiner momentanen Bedürfnisse oder seines Lebensplans unterschiedliche Ansprüche und Erwartungen.

Um ein weitestgehend harmonisches und friedliches Miteinander zu garantieren, sind Kompromisse, gewisse Regeln und Ordnungen erforderlich. Hieraus ergibt sich oft eine, für den größten Teil der Beteiligten, übereinstimmende Wertung der Pole. Wir dürfen jedoch nicht vergessen, dass jede Seele *ihren eigenen* Plan verfolgt. Dadurch kann gerade für diese Seele der andere Pol seine Berechtigung haben. Entscheidend ist immer der Lebensplan.

Da ja jede Seele, und somit jeder Mensch, unterschiedliche Lernthemen zu erarbeiten hat, ist es unumgänglich, dass unterschiedliche Ansichten nebeneinander bestehen und wir uns die Gültigkeit und Berechtigung beider Pole bewusst machen. Es ist üblich die Hilfsbereitschaft als positiv einzustufen, während die Tatenlosigkeit schnell negativ bewertet wird. Zur Vervollkommnung unserer Seele ist es aber wichtig, sich der Wertung zu enthalten und jeden Aspekt als berechtigt anzusehen. Stell dir beispielsweise vor, dein Nachbar hätte ein Problem und bäte dich um Hilfe. Sofern es deinem Thema entspräche, ihm gegenüber hilfsbereit zu sein, solltest du seiner Bitte nachkommen. Ist es aber das Thema deines Nachbarn selbständig zu werden oder sich allein mit der anstehenden Angelegenheit auseinanderzusetzen, so wäre die Ablehnung deiner Hilfe eine gute Chance für ihn, seine Erfahrungen zu erweitern. Leider wissen wir nur selten, wenn überhaupt, welches und wessen Lernthema hinter einer Angelegenheit steht. Wir können nur nach bestem Wissen und Gewissen und manchmal auch nur nach unserem Gefühl entscheiden. Umso weniger obliegt es uns, die Entscheidung anderer oder aber einen der Pole abzuwerten. Ausnahmslos hat alles in unserem Universum seine Berechtigung, auch, wenn wir sie nicht erkennen können.

Viele Pole werden auch im Laufe der Zeit oder aufgrund der Kultur unterschiedlich bewertet. Was einmal als gut und richtig bezeichnet wurde, muss nicht für alle Ewigkeit und überall Gültigkeit behalten. Lass mich dies an einem Beispiel erklären:

In der Urzeit konnten sich die Menschen all dessen, was um sie herum lebte und wuchs, unbedenklich bedienen, um ihren Hunger zu stillen. Die Bevölkerungszahl war klein und man war es gewohnt, mit dem auszukommen, was man fand. Niemand bemühte sich um einen gesicherten Nahrungs-„Nachschub". Man aß die Pflanzen und Früchte, die man gefunden hatte, und vertraute darauf, dass die Erde für die nötige Nahrung sorgte. Es war keine Frage, dass jeder nur zuzugreifen brauchte, ohne einen Gegenwert abzuliefern.

Aufgrund der gestiegenen Bevölkerungszahl wurde es jedoch mit der Zeit notwendig, für ausreichende Nahrung zu sorgen, indem sich beispielsweise die Bauern dazu bereit erklärten, für sich und andere Gemüse und Früchte anzubauen. Sie investierten in diese Vorsorge Zeit und Mühe und erwarteten somit auch eine ausgleichende Anerkennung für ihre Tätigkeit. Doch heute wird bestraft, wer sich unbedarft ohne zu bezahlen im Supermarkt bedient, um seinen Hunger zu stillen. Wie du siehst, verändert sich durch die neuen Regeln oder die andere Ordnung auch die Akzeptanz des Verhaltens und somit der Pole. Was damals legitime Nahrungsbeschaffung war, würde heute als Diebstahl bezeichnet.

Oft sind wir in unseren Vorstellungen so gefangen, dass wir es nicht zulassen den Gegenpol zu akzeptieren. Doch die Entwicklung unserer Seele verlangt, dass wir alle Daseinsformen anerkennen und in unserem Bewusstsein zulassen. Um diese Aufgabe zu lösen, brauchen wir vielleicht manches Mal die Hilfe der Engel. Darum möchte ich dir nun den Engel der Dualität vorstellen, mit dessen Hilfe du nach und nach den Sinn der Dualität erkennen kannst.

Meditation: Engel der Dualität

Begib dich an einen Ort, der deiner jetzigen Stimmung entspricht. Vielleicht sitzt du auf einer Wiese, an einem ruhigen kleinen Bergsee oder an einem wunderschönen Strand. Vielleicht gehst du aber auch durch einen grünen Wald. Doch auch ein Bahnhof oder das Zentrum einer Stadt sind richtig, wenn du dich dort wohlfühlst. Schau dich um: Alles entspricht deiner momentanen Vorstellung. Alles ist richtig, alles ist gut. Nimm dir Zeit, deine Umgebung mit all ihren Geräuschen oder mit ihrer Stille wahrzunehmen.

Spüre nun in dich hinein. Werde dir deiner Stimmung bewusst. Lasse sie zu. Während du ganz ruhig und gleichmäßig atmest, kommst du ganz in dieser Situation an.

Dann siehst du aus der Ferne ein helles Licht auf dich zukommen. Es nähert sich dir und schon bald erkennst du in diesem Licht einen Engel. Er zeigt sich dir so, wie du ihn wahrnehmen kannst.

Freudig begrüßt dich nun der Engel der Dualität. Spüre, wie sich in seiner Gegenwart dein Bewusstsein verändert, wie du dich öffnest für die Weisheiten, die er dir heute schenken möchte. Durch seine Schwingung wächst in dir die Bereitschaft mehr über den Sinn des Seins zu erfahren.

Dein Engel ist heute zu dir gekommen um dir zu erklären, dass du hier auf Erden in der Dualität lebst. Alles in diesem Universum hat zwei Pole, also zwei Seiten, die zueinandergehören und sich somit ergänzen.

In dir tauchen nun die Vorstellungen von Gegensatzpaaren auf. Du siehst, wie sich das Licht und die Dunkelheit abwechseln, machst dir bewusst, dass die Wärme den Gegenpol zur Kälte darstellt, der Lärm das Gegenteil der Stille ist und dass die Freude zur Trauer gehört.

Der Engel der Dualität weist darauf hin, dass du die Unterschiede brauchst, um auf dieser Erde Erfahrungen zu sammeln. Doch diese Gegensätze zwingen dich dazu, dich stets für eine Seite zu entscheiden. Sofern du das Licht ersehnst, lehnst du in diesem Moment zwangsläufig die Dunkelheit ab. Entscheidest du dich zur Fröhlichkeit, so lehnst du in diesem Augenblick die Trauer ab. Sagst du zu dem einen ja, so sagst du automatisch zu dem anderen nein. Doch hast du die Möglichkeit, dich je nach Situation immer wieder neu zu entscheiden. Wenn du dich jetzt aufgrund deiner Stimmung für das Laute entscheidest, so magst du zu einer anderen Zeit die Stille begrüßen. Wählst du jetzt die Freude, so gibt es auch Zeiten, in denen dir die Trauer wichtig ist.

Der Engel der Dualität macht dich darauf aufmerksam, dass alle Pole, alle Daseinsformen, in unserem Universum ihre Berechtigung haben, auch wenn dein menschlicher Verstand sie nicht immer erkennen und ihren Sinn erfassen kann.

Das ist der Grund dafür, dass dein menschliches Bewusstsein hin und wieder die Pole bewertet und etwas als positiv bezeichnet, während du den Gegenpol als negativ wertest. Doch diese Wertung entspringt oft deiner persönlichen Entscheidung. Vielleicht hast du dich dazu entschlossen, ein fleißiger Mensch zu sein, und lehnst darum möglicherweise die Trägheit ab, siehst sie als schlecht an. Aber auch diese hat ihren Sinn, schenkt sie doch die Möglichkeit zu regenerieren und neue Kräfte zu sammeln.

Der Engel weist dich auch darauf hin, dass manche deiner Beurteilungen durchaus auch kulturell oder gesellschaftlich bedingt sind. Gerade diese unterliegen häufig dem Wandel, also auch einer anderen Wertung. Während es beispielsweise in früheren Jahren eine Familie mit Stolz erfüllte, wenn der Sohn oder der Mann in den Krieg zog, um seinem König zu dienen oder sein Vaterland zu verteidigen, so mag heute die mehrheitliche Meinung den Krieg nicht mehr als Chance zur Erlangung von Ehre und Ruhm ansehen, sondern eher als Gefahr für die Soldaten, die Leib und Leben riskieren.

Nimm dir ein wenig Zeit, um die Erklärungen des Engels der Dualität zu verstehen, und versuche, dir diese zu verdeutlichen.

Dann gibt dir der Engel zu verstehen, dass jeder Mensch ein anderes Lebensziel hat und darum auch andere Erkenntnisse sammeln will. Weil er auch andere Lebenserfahrungen machen muss, wird er sich auch entsprechend anders verhalten, um die Situationen zu erfahren, die ihn auf seinem Weg weiterbringen. Er wird seinen Weg wählen, so wie es ihm richtig erscheint. Es ist allein sein Anliegen, wie er diesen Weg geht, und es steht niemandem zu, dessen Weg zu werten. Alles ist richtig, alles ist gut, auch wenn es dir nicht immer möglich ist, dies zu erkennen.

Der Engel der Dualität stärkt dich durch seine wundervolle Energie und bittet dich zu versuchen, die Berechtigung in allem zu erkennen und zu akzeptieren. Er erinnert dich daran, dass du immer die Möglichkeit hast, dich für den Pol zu entscheiden, der dir angemessen erscheint. Doch er rät dir auch, den Gegenpol nicht abzuwerten, auch wenn er nicht deinen Idealen entspricht oder du seinen Sinn oder seine Berechtigung nicht erkennen kannst oder willst.

Lass dir noch einmal Zeit, um in dich hineinzuspüren. Nimm deine jetzige Stimmung wahr. Mach dir deutlich, dass du ein Recht auf jede deiner Empfindungen hast. In der Welt der Dualität hat alles seinen Sinn. Alles dient der Erweiterung des Erfahrungsschatzes der Seele. So kann sie Vollkommenheit erlangen.

Wenn du magst, erzähle dem Engel der Dualität von deinen Gefühlen, von deiner Stimmung. Lass dich von ihm umarmen. Spüre sein Verständnis. Sofern du seine Hilfe benötigst, sei es durch einen Rat, eine Erklärung oder Erkenntnis, so wird er dir gern helfen. Lass dir Zeit.

Nun empfindest du Erleichterung. spürst Ruhe und Frieden in deinem Herzen. Du atmest ganz gleichmäßig und entspannst dich noch ein wenig. Vielleicht verändert sich jetzt etwas in dir. Lass es zu.

Wenn nun die Zeit deiner Begegnung mit dem Engel der Dualität langsam zu Ende geht, bittest du ihn, dir beizustehen, dir behilflich zu sein, die Berechtigung aller Daseinsformen zu akzeptieren und nicht zu werten. Bitte ihn auch, dich daran zu erinnern, dass jeder Mensch ein unterschiedliches Lebensziel hat und weil er unterschiedliche Lebenserfahrungen sammeln will, auch die entsprechenden Situationen herbeiführt.

Dann danke ihm für seine Weisheiten, die er dir heute geschenkt hat, danke ihm für seine Energie, welche dich diese

Weisheiten verstehen lässt, und für seinen Beistand. Lass dich noch einmal von ihm umarmen und spüre seine Schwingung, die dir Kraft und Verständnis für die Dualität verleiht.

Ganz langsam entfernt sich jetzt der Engel der Dualität. Sieh, wie sein Bild allmählich in der Ferne verblasst. In dir sind jetzt Ruhe und Frieden. Schau dich um. Befindest du dich noch an dem Ort, an dem du diese Meditation begonnen hast? Oder hat sich deine Umgebung verändert? Alles ist richtig, alles ist gut.

Nimm dir noch etwas Zeit, um in Ruhe zu verweilen. Erst, wenn für dich der richtige Moment gekommen ist, lässt du dich sanft von deinem Atem wecken und zurücktragen in Raum und Zeit.

Der Sinn von Wut und Ärger

An dieser Stelle möchte ich dir eine weniger bekannte Engelenergie vorstellen, den Engel der Wut und des Ärgers. Viele Menschen ahnen nicht, dass sie auch für ihre unangenehmen Empfindungen einen Engel ansprechen dürfen, noch weniger wagen sie es, auf seinen Beistand zu hoffen. Doch seine Unterstützung kann so hilfreich sein und die Zahl der Gelegenheiten, ihn um seine Hilfe zu bitten, dürfte wohl nicht gering sein. Selbstverständlich bitten wir ihn nicht, Wut, Ärger oder andere unangenehme Gefühle in uns zu erwecken, sondern uns zu helfen, mit diesen Gefühlsregungen umzugehen.

Im vorstehenden Kapitel haben wir gehört, dass alles Irdische der Dualität unterliegt und alles im Universum seine Berechtigung hat. Ja, auch die Wut und der Ärger, Gefühle, die wir in der Regel als „negativ“ und unangenehm bezeichnen, haben einen Sinn in unserem Leben und eine ganz entscheidende Aufgabe. Aber auch all die anderen Gefühlsregungen, die wir in der Regel ablehnen, haben ihre Berechtigung, denn diese Gefühle sind geradezu menschlich, gehören zum Leben und lassen sich nicht immer vermeiden.

Mit jeder Gefühlsregung, sei es Freude, Wut, Ärger und so weiter reagieren wir auf die uns betreffenden momentanen Umstände. Das Gefühl zeigt uns, dass die Situation etwas in uns anrührt und auslöst. Diese Situation will somit unsere Aufmerksamkeit wecken. Jedes Gefühl ist nützlich, denn es kann uns in unserer Entwicklung unterstützen. Gerade jene „unangenehmen“ Empfindungen sind es, die uns ganz deutlich darauf hinweisen, dass wir auf ein momentanes Problem oder gar auf eines unserer Lebensthemen gestoßen sind. Diese Gefühle geben uns Aufschluss über ihren Hintergrund, der uns wiederum zu unserem Lernthema führt. Eine derartige „Forschungsarbeit“ ist recht interessant, denn sie zeigt uns, dass der Auslöser unserer Reaktion oft tiefer versteckt ist, als wir glauben. Wir werden also durch unsere ausgelösten Gefühle aufgefordert, die Umstände zu beleuchten und zu erkennen, was wir ablehnen, nicht akzeptieren wollen. Nach dem uns nun bekannten Prinzip "Alles hat zwei Pole und diese haben jeweils ihre Berechtigung" müssen wie lediglich den Gegenpol betrachten, ihn als gegeben annehmen. Wir brauchen ihn jedoch nicht zu lieben. Es ist in Ordnung, wenn wir einen Pol bevorzugen, doch müssen wir auch den Gegenpol akzeptieren, seine Existenz in unser Bewusstsein integrieren.

Auf der Suche nach dem Grund für unsere Gefühle finden wir schnell eine Antwort, die aber weitere tiefergehende Fragen und Antworten nach sich zieht. Beispielsweise reagieren wir auf Kritik oft verärgert. Warum sind wir verärgert? Wir haben das Gefühl, der Kritiker meint es nicht gut mit uns. Fragen wir weiter: Warum sind wir der Überzeugung, dass er es nicht gut mit uns meint? Wir vermuten vielleicht, er verachte unsere Leistung. Was geschieht nun mit uns? Spüren wir in uns hinein, erkennen wir vielleicht, dass uns diese Kritik verletzt und wir daher mit Ärger darauf reagieren. Doch auch die Verletzung hat einen Auslöser. Also fragen wir, warum wir verletzt sind. Möglicherweise haben wir uns große Mühe gegeben, um unsere Leistung zu erbringen, und fragen zweifelnd: Ist diese Leistung nicht gut genug? Dadurch stellen wir unsere Leistung und unser Können in Frage.

Doch oft sind Zweifel unberechtigt und eher ein Zeichen für Unsicherheit. Vielleicht fehlt es uns an Selbstvertrauen und Selbstbewusstsein. Hier ist also der Kern unseres Problems. Unsere Selbstzweifel haben uns verunsichert und zu unserer gefühlsmäßigen Reaktion geführt. Wären wir im vorstehenden Fall unserer selbst bewusst und vertrauten auf unser Können, würden wir vermutlich anders oder vielleicht auch gar nicht reagieren.

Durch ständiges Hinterfragen kommen wir also tiefer und tiefer zum Kern unseres Problems. Haben wir erst einmal die Ursache für unsere Gefühle, unser Problem erkannt, haben wir auch die Möglichkeit, sie zu beseitigen. Oft gleicht die Analyse unserer Gefühle einer Zwiebel. Nach dem Entfernen einer Schicht entdeckst du die nächste, und nicht immer lässt sie sich ohne Tränen entfernen.

Sicherlich hast auch du mindestens schon einmal die Erfahrung gemacht, dass zwei Personen auf dieselbe Situation unterschiedlich reagierten. Während sich eine Person extrem erregte, weil sie sich beispielsweise angegriffen fühlte, konnte die andere Person ganz ruhig und gelassen bleiben, weil sie davon überzeugt war, dass sie der vorliegende Umstand überhaupt nichts angehe, oder sie den vermeintlichen Missklang überhaupt nicht wahrgenommen hatte.

Hier ein Beispiel, das wohl keinem/r Autofahrer/in fremd ist: Du fährst auf der Autobahn und überholst zügig mit der zulässigen Höchstgeschwindigkeit ein langsameres Fahrzeug. Während des Überholvorgangs bemerkst du in deinem Rückspiegel, wie sich dir ein anderes Fahrzeug nähert, immer dichter auffährt und dich auch noch mit der Lichthupe nötigt. Nach abgeschlossenem Überholvorgang wechselst du wieder auf die rechte Spur, während dich der Raser, wild gestikulierend und schimpfend, überholt.

Aufgrund deines freien Willens kannst du dich entscheiden, ob und wie du gefühlsmäßig auf diesen Sachverhalt reagierst. Deine Reaktion hängt einerseits von deiner momentanen Schwingung ab, andererseits davon, ob die Situation eines deiner Themen berührt. Vielleicht bleibst du ruhig und gelassen. Du weißt ja, dass du dich richtig verhalten hast, und bedauerst bestenfalls den Raser, weil er aus dir unbekannten Gründen sein kostbares Leben aufs Spiel setzt. Eine andere Reaktionsmöglichkeit wäre es dich aufzuregen, weil du dich persönlich angegriffen fühlst. Du magst denken, der andere wolle deinen Fahrstil kritisieren, halte dich möglicherweise sogar für unfähig, dich den Verkehrsbedingungen anzupassen oder wolle dich als „Schleicher" bezeichnen und dich dadurch beleidigen und verletzen. Die letztere Reaktion wirst du vermutlich dann wählen, wenn bei dir ein „wunder Punkt" berührt wird, wenn du dich beispielsweise tatsächlich unsicher oder ungerecht behandelt fühlst. In diesem Fall ist es wieder hilfreich, die Angelegenheit zu hinterfragen. Frage dich, warum du dich aufregst, warum du dich angegriffen und unsicher beziehungsweise ungerecht behandelt fühlst. So hast du die Chance, mehr über dich zu erfahren, und mit dem Erkannten auseinanderzusetzen, um eine Änderung herbeizuführen.

Vermutlich wirst du in der beschriebenen Situation, die einem/ einer Autofahrer/in ja leider im Leben öfter begegnet, nicht immer gleich reagieren. Heute bleibst du vielleicht gelassen, während du morgen wütend und ärgerlich reagierst. Das liegt daran, dass wir aufgrund unserer Stimmungen auch unsere Schwingung verändern. Sind wir in einer Hochstimmung, ist auch unsere Schwingung angehoben. Es fällt den „negativen" Empfindungen schwerer, sich in uns zu manifestieren. An diesen Tagen können wir völlig ausgeglichen und ruhig sein. An anderen Tagen plagen uns vielleicht Ängste und Zweifel. Diese verringern unsere Schwingung und auch unsere Stimmung nähert sich dem Nullpunkt. In solchen Momenten sind wir offen für die ebenfalls niedrig schwingenden Gefühle. Die herabgesetzte Schwingung kann sich auch vorübergehend auf unsere Fähigkeiten auswirken. So können wir uns, wie im angeführten Beispiel, plötzlich unsicher fühlen, während wir sonst großes Vertrauen in unsere Fähigkeiten setzen.

Wenn uns an einem solchen Tag das Verhalten eines anderen Fahrers wütend macht und uns darauf hinweist, dass wir unsicher sind, sollten wir diese Erkenntnis sogar dankbar annehmen. Wir sollten beachten, dass wir an diesem Tag nicht wie gewohnt auf unsere Fähigkeiten vertrauen können, und klugerweise ein wenig vorsichtiger sein.

Da wir uns aufgrund unserer Stimmung und der sich daraus ergebenden Schwingung mit unterschiedlicher Intensität mit unseren Lernthemen auseinandersetzen, unterliegen wir gewissen Gefühls- und Formschwankungen. An einigen Tagen sind wir daher empfindlicher und somit empfänglicher für die Hinweise, die uns auf diese Themen aufmerksam machen, als eben an anderen Tagen. Es ist sinnvoll, dies zu akzeptieren. Wenn wir uns eingestehen, dass unsere Tagesform hin und wieder nicht dem Normalmaß entspricht, fällt es uns leichter unsere Gefühlsregungen ohne Groll und Ärger anzunehmen und uns vielleicht sogar für den Hinweis auf unsere vorübergehende Schwäche zu bedanken, ist sie doch manchmal eine Mahnung zur Aufmerksamkeit und Vorsicht.

Um mit mehr Frieden durchs Leben gehen zu können, ist es in vielen Fällen nützlich, seinen Blickwinkel zu verändern und zu erweitern, die Angelegenheiten von unterschiedlichen Seiten zu betrachten und zu versuchen, sich gegebenenfalls in die Situation des anderen zu versetzen. Dies kann uns helfen, zur Zufriedenheit aller zu agieren. Hin und wieder sind wir überrascht, ja, auch verärgert oder wütend über die Gedanken und Handlungen unserer Mitmenschen. Sie scheinen uns unverständlich, da sie nicht unseren Vorstellungen oder Zielen entsprechen. Nicht selten fühlen wir uns durch das Denken und Handeln unserer Mitmenschen angegriffen. Doch betrachten wir die Sachlage aus deren Sicht können wir oft erkennen, dass das Denken und Tun unserer Mitmenschen aufgrund ganz anderer Voraussetzungen und Ziele durchaus berechtigt sein kann. Ja, manchmal zeigt uns die Betrachtung aus einer anderen Perspektive sogar, wie sinnvoll und klug dieses Handeln vor ihrem Hintergrund war. Sind wir bereit, unser Blickfeld zu erweitern und die unterschiedlichen Möglichkeiten in Betracht zu ziehen, so können wir für vieles mehr Verständnis entwickeln, aufeinander Rücksicht nehmen und so manche Wut und Ärger vermeiden.

Doch, wie schon zuvor erwähnt, sind unsere Gefühlsreaktionen wichtige Hinweise auf unsere Lernthemen und daher nicht immer vermeidbar. Darum ist es so wichtig, dass wir unsere Gefühle zulassen, sie wahrnehmen und nicht verdrängen. Um den Nutzen aus unseren Emotionen ziehen zu können, sollten wir anschließend nach den Ursachen für unsere Gefühle schauen. Hin und wieder werden wir feststellen, dass wir gewohnheitsgemäß – vielleicht hatten sich schon unsere Eltern in einer solchen Situation entsprechend verhalten - ablehnend oder ärgerlich reagierten, obwohl bei genauerer Betrachtung kein wirklicher Anlass für diese Reaktion bestanden hatte. Manches Mal wird es uns auch vollkommen unmöglich erscheinen, einen Fehler bei uns selbst zu finden, da wir uns durchaus im Recht fühlen, besonders, wenn dieses Recht sogar durch ein Gesetz festgeschrieben ist. Und doch hat es wieder etwas mit uns selbst zu tun, dass wir überhaupt mit einer solchen Situation konfrontiert werden.

Ist es unser Thema, den Gegenpol anzusehen und seine Berechtigung zu akzeptieren, so werden wir in eine entsprechende Lage gebracht. In dieser Situation spielt es keine Rolle, wessen Seite das Gesetz stützt. Es geht einzig und allein darum, dass wir den anderen Pol betrachten. Wie bereits erwähnt, müssen wir diesem Gegenpol nicht zustimmen, uns nicht für ihn entscheiden, sondern lediglich seine Existenz und Berechtigung akzeptieren. Es gilt allein den Plan aller Seelen zu erfüllen, der zum Ziel hat, alle Varianten des Seins zu erfahren und zu erkennen.

Ich gestehe, es ist manchmal sehr schwer, hinter jedem Ärger einen Sinn zu erkennen. Doch wenn du dich immer wieder bemühst deine Gefühle zu hinterfragen und ihre Ursache zu erkennen, wird dein Leben um ein Vielfaches leichter und freudvoller werden. Ich versichere dir aus eigener Erfahrung, dass dies ein hilfreicher Weg ist, um zukünftig die Anzahl ähnlicher Wut- und Ärgerausbrüche zu verringern und vielleicht sogar zu vermeiden.

Neben der Tatsache, dass uns unsere Gefühle wichtige Hinweise auf unsere Lernthemen geben und wir die Chance nutzen sollten, hierdurch die nötige Erkenntnis zu finden, sollten wir unsere Emotionen auch aus gesundheitlichen Gründen nicht ignorieren. Denn angestaute Gefühle können zu einer späteren Erkrankung führen. Ferner können Gefühle neue, hilfreiche Energien freisetzen, die uns die Kraft zu neuen Taten und notwendigen Veränderungen schenken.

Nun haben wir die Möglichkeit, mit Hilfe der Engel unsere Gefühle aufzuarbeiten. Wir können die Engel bitten, uns ihre hilfreichen Energien zur Verfügung zu stellen und uns bei unseren Bemühungen zu unterstützen, die Ursache für unsere unangenehmen Gefühle zu erkunden, damit wir den entsprechenden Gegenpol erkennen und akzeptieren lernen. Bitten wir doch unsere Engel, die durch unsere Gefühle entstehenden Energien und Kräfte sinnvoll zu lenken, so dass wir erkennen und notfalls etwas verändern können. Die nachstehende Meditation hilft dir nicht nur bei Wut und Ärger. Du kannst sie bei sämtlichen unangenehmen Gefühlen ebenfalls anwenden, beispielsweise bei Eifersucht, Neid, Aggressionen, Enttäuschung, Hass und so weiter.

Da alles im Universum seine Berechtigung hat, hast auch du ein Recht darauf, wütend und ärgerlich zu sein. Lass deine Gefühle zu. Richte sie jedoch weder gegen dich selbst noch gegen andere. Sei bereit sie zu erarbeiten. Wenn du die Chance zur Erkenntnis nutzt, so können sie dir nicht schaden sondern eine große Hilfe sein, die du dankbar annehmen solltest. Sieh in ihnen die Möglichkeit, den Erkenntnisstand deiner Seele zu vervollständigen.

Meditation: Engel der Wut und des Ärgers

Begib dich nun an einen Ort, an dem du dich wohlfühlst. Schau dich um und nimm deine Umgebung ganz bewusst wahr. Sieh dir die Landschaft an. Rieche ihren Geruch, lausche ihren Geräuschen und fühle ihr Klima auf deiner Haut. Richte deine Aufmerksamkeit nach innen. Spüre in dich hinein und erkenne deine momentanen Gefühle. Lass sie ganz zu.

Nach einer Weile siehst du, wie aus der Ferne ein großer und kraftvoller Engel auf dich zukommt. Schon während er sich dir nähert, spürst du seine Liebe, seine Wärme und sein Verständnis. Trotz seiner Größe und seiner Kraft strahlt er doch eine ungeahnte Sanftheit und Liebe aus. Nun steht er vor dir und du bemerkst, wie sich seine wunderbare Energie beruhigend auf dich auswirkt. Mit einem verschmitzten Lächeln begrüßt dich jetzt dieser Engel, den du als Engel der Wut und des Ärgers bezeichnen kannst.

Ein Engel, der sich deinen unangenehmen Empfindungen widmet, mag dich vielleicht verwundern. Darum erklärt dir dieser Engel, dass in unserem Universum alles seine Berechtigung und seinen Sinn hat und dich die Engel gern unterstützen, wenn dich unangenehme Gefühle bedrücken.

Liebevoll umarmt er dich. Während du in seinen Armen immer ruhiger wirst, erklärt er dir, dass Wut und Ärger, wie auch die vielen andere unangenehmen Gefühle, die wir nicht selten zu verdrängen suchen, wichtig sind, um dich auf deine Lernaufgaben aufmerksam zu machen. Sie wollen dir zeigen, dass es da etwas in dir gibt, was du bisher nicht anzunehmen, zu akzeptieren bereit bist, einen Aspekt, dessen Berechtigung du noch nicht anerkennst. Er sagt dir, es sei sinnvoll, die Gegebenheit zu betrachten um zu erkennen. All das, was dich an einer Situation oder an einer anderen Person störe, sei ein Spiegel deines Selbst. Dieser zeige dir, was du für dich ablehnest, nicht wahrhaben wollest.

Deine heutigen Gefühle haben dich nun zu der Begegnung mit dem Engel der Wut und des Ärgers geführt. Da er heute zu dir gekommen ist, um dir zuzuhören und dir zu helfen, erzählst du ihm jetzt von deinen Gefühlen. Sage ihm, warum du wütend oder ärgerlich bist oder eben dieses andere unangenehme Empfinden hast.

Ruhig und aufmerksam hört er dir zu. Er gibt dir zu verstehen, dass es dir in der Welt der Dualität durchaus zustehe, diese Gefühle zu spüren. Alles habe seine Berechtigung.

Dann ermutigt er dich, nun dein Gefühl zu hinterfragen. Er fragt dich, warum du so fühlst. Was der wirkliche Grund deiner Reaktion sei. Mit der Kraft des Engels findest du eine Antwort, die ihr gemeinsam wieder hinterfragt, bis ihr zum Kern, zu deiner Lernaufgabe gelangt. Lass dir Zeit. Wenn du selbst keine Antwort findest, nutze die Gelegenheit, deinen Engel nach der Antwort zu fragen.

Möglicherweise erkennst du jetzt, welches Lernthema hinter der aktuellen Situation steht und du kannst voller Freude über diese Erkenntnis aufatmen und deine Wut, deinen Ärger, ziehen lassen. Spüre, wie du leichter und ruhiger wirst.

Sollte es dir noch nicht gelungen sein, deine unangenehmen Gefühle loszulassen, so macht dich dein Engel darauf aufmerksam, dass man den Umstand auch aus verschiedenen Blickwinkeln betrachten und sich die Angelegenheit aus einer anderen Sichtweise ganz anders darstellen kann. Auch eine solche Betrachtung kann dir unter Umständen helfen.

Er ermuntert dich, nun mit seiner Hilfe die Situation aus unterschiedlichen Perspektiven zu betrachten. Schau sie dir an und mach dir bewusst: Alles ist richtig. Alles ist gut. Auch, wenn du den Sinn nicht immer erfassen kannst.

Vielleicht bemerkst du, wie sich nun deine Gefühle verändern, wie du ruhiger, gelassener, wirst. Lass dir Zeit.

Wenn es dir jetzt noch nicht möglich ist, dich von deinen Gefühlen loszulösen, so bitte doch den Engel der Wut und des Ärgers, deine Gefühle liebevoll zu lenken, um Schaden zu vermeiden. Bitte ihn, sie in Kraft und Energie umzuwandeln, welche du sinnvoll zu deinem Wohle und zum Wohle aller nutzen kannst.

Dir verbleibt noch ein wenig Zeit, um das Beisammensein mit dem Engel der Wut und des Ärgers zu genießen. Lass dich von seiner sanften und liebevollen Energie durchströmen. Spüre, wie du dich entspannst und sich ganz allmählich Frieden und Harmonie in deinem Herzen ausbreiten.

Dann danke ihm für seine Hilfe und Gegenwart, bitte ihn, den Frieden in deinem Herzen aufrechtzuerhalten. Jetzt wird es Zeit, dich von diesem himmlischen Wesen zu verabschieden.

Voller Ruhe und Gelassenheit siehst du nun, wie der Engel der Wut und des Ärgers ganz allmählich in den Hintergrund tritt. Dann bist du wieder alleine, an diesem wunderschönen Ort deiner Wahl. Genieße es noch einen Moment, ganz entspannt hier zu sitzen. Achte auf deinen Atem. Lass dich ganz allmählich von ihm wecken. Spüre deinen Körper. Atme ganz tief ein, bevor du erfrischt und ausgeruht in deinen Alltag zurückkehrst.

Warum sollten „Feinde“ einander vergeben?

Das Leben ist ein Spiel! Es ähnelt einem Schauspiel auf einer großen Theaterbühne. Deine Seele plant vor ihrer jeweiligen Inkarnation ihr kommendes Leben mit all seinen zu lernenden Themen und Zielen. Sie „schreibt“ somit ihr Drehbuch für dieses Schauspiel. Wie für jede Theateraufführung müssen auch für dieses Stück die Akteure ausgewählt und die Rollen verteilt werden. So spricht also deine Seele vor Beginn der „Aufführung“ mit den anderen Seelen ab, welche Themen zu erarbeiten sind und durch welche Begebenheiten das angestrebte Ergebnis erreicht werden kann. Anschließend beraten die Seelen, welche Rolle mit ihrem eigenen Plan zu vereinbaren ist. Sofern die Rolle in den Lebensplan der anderen Seele integriert werden kann, erklärt sich diese bereit, die zu besetzende Rolle, dem gewünschten Charakter entsprechend, in deinem „Stück“ zu übernehmen. So werden dein Verhalten sowie das Verhalten deiner Mitmenschen im anstehenden Leben weitgehend von diesem Plan bestimmt, und so manche Auseinandersetzung sowie die daraus resultierenden Gefühle sind bereits dem Plan entsprechend, vorbestimmt.

Durch die Geburt verliert deine Seele bekanntlich das Wissen um diese Absprache. So ist es möglich, dass du, wie im vorstehenden Kapitel angeführt, mit Gefühlen auf die vorbestimmten Aktionen reagierst, damit du aufmerksam wirst. Das Verhalten deiner Mitmenschen, also der am Plan beteiligten Seelen, gibt dir die Gelegenheit, dich mit dem anstehenden Thema auseinanderzusetzen und die Ursache deiner Gefühle zu erforschen, um so zu erkennen, womit du dich noch beschäftigen musst und was es für deine Seele noch zu lernen gibt. Erinnerten wir uns an die Absprache unseres Lebensplans, so wären wir bereit, unserem Gegenüber für seine Hilfe zu danken, doch so ist unser Empfinden leider oft weit von Dankbarkeit entfernt.

Da jeder Mensch seinen freien Willen besitzt, gibt es für das Schauspiel Leben keine feste, verbindliche Handlung. Wir haben die Möglichkeit, unseren Plan entsprechend der bereits im aktuellen Leben gemachten Erkenntnisse und Erfahrungen zu verändern. Wir planen viele Begebenheiten in unser Leben ein, die uns auf ein bestimmtes Thema hinweisen. Je nachdem, wie schnell wir unser Thema erkennen, können sich die weiteren geplanten Situationen erübrigen, werden also in unserem Leben nicht mehr stattfinden.

Erkennen wir unser Thema nicht gleich, so dass wir unsere Lektion nicht lernen, so bieten sich weitere Möglichkeiten, unsere Lernthemen anzugehen. Wir geraten in ähnliche Situationen, die uns jedoch alle ein wenig deutlicher auf unser Thema aufmerksam machen werden. Um uns endlich wach zu rütteln, werden daher auch die in uns zu erzeugenden unangenehmen Gefühle jeweils etwas stärker und deutlicher, bis wir endlich bereit sind, uns unserem Thema zu widmen und unsere Aufgabe zu erfüllen. Wenn wir also schnell lernen, können wir uns die weiteren „Übungsaufgaben" und damit auch manch unangenehme Erfahrung ersparen.

Du siehst: Obwohl du dein Leben geplant und die unterschiedlichen Situationen vorgesehen hast, besteht doch aufgrund deiner Erkenntnisbereitschaft die Möglichkeit, auf diesen Plan Einfluss zu nehmen und dein Leben glücklicher und zufriedener zu gestalten.

Du hast den freien Willen, der es dir ermöglicht, dich in jeder Situation zu entscheiden. Du wählst, ob und wie du handelst, ob du dein Thema angehst oder die Gelegenheit verstreichen lässt. Somit entscheidest du, ob du deine Gefühle nutzt, um zu erkennen oder ob du sie gegen deine Mitmenschen richtest. So bist du entscheidend mitverantwortlich, ob die Beziehung zu der/den beteiligten Person/en harmonisch und freundschaftlich oder unausgeglichen und sogar feindlich ist.

Natürlich ist es nicht immer Sinn und Zweck einer Begebenheit, ruhig und friedlich zu reagieren und möglichst „klein beizugeben“, um einen Konflikt zu umgehen. Wenn dein Thema beispielsweise Durchsetzung oder Selbstbehauptung heißt, ist es notwendig deinem Gegenüber bestimmend und ausdauernd zu begegnen. Auch die Gefühle, die du hierdurch in anderen erzeugst, sind wiederum mit Lektionen verknüpft, die entweder dir allein, der anderen Person oder aber auch allen dienen. Selbstverständlich gibt es viele Wege und Möglichkeiten zu reagieren. Je nach deinen bereits vorhandenen Erfahrungen und Fähigkeiten kann das Ergebnis einer Herausforderung harmonisch, zufriedenstellend, enttäuschend oder gar aggressiv sein.

Zum Spiel des Lebens gehört die Überzeugung, der/die „Mitspieler/in“, also der/die Weggefährte/in, verhielte sich in der problematischen Situation „falsch“, unvermeidlich mit hinzu. So verwundert es nicht, dass aus einer Begebenheit mehr oder weniger häufig Missverständnis, Wut, Ärger, Streit und Hass entstehen. Jeder Mensch hat seinen persönlichen Lebensplan. Zudem ist er ein Individuum, ist also einzigartig. Er hat seine ganz eigenen Vor- und Einstellungen sowie seinen ganz persönlichen Charakter und seine ganz individuellen Eigenschaften. Das Bestreben eines jeden Menschen ist es, das nach seiner Auffassung Richtige oder Notwendige zu tun. Da wir in der Welt der Dualität und der Vielzahl der Möglichkeiten leben, werden wir dadurch immer wieder auf Gegenmeinung und Konfrontation stoßen. Nicht immer sind diese böswillig gegen uns gerichtet, doch sofern sie eines unserer Themen berühren, reagieren wir mitunter sehr empfindlich darauf.

Du solltest deine "Mitspieler" nicht als Gegner, sondern als Partner auf dem Weg zur Vollkommenheit erkennen. Mit ihrer Hilfe ist es dir möglich, neue Erfahrungen zu machen und deinen Kenntnisstand zu erweitern. Bedauerlicherweise bedarf es manchmal zunächst der Schmerzen, bevor du ein „Übel“ austreiben und dich entspannt zurücklehnen kannst - ähnlich wie beim Zahnarzt.

Dort musst du unter Umständen, bevor ein erkrankter Zahn geheilt werden kann, erst den Schmerz des Bohrens ertragen.

Die vorstehenden Ausführungen lassen dich nun sicher erkennen, dass du in manch einer Situation deinem Gegenüber bösartige oder andere negative Absichten unterstellt hast, die er vielleicht sogar aus seiner „menschlichen Sicht“ so gemeint hat, die aber bei genauerer Betrachtung sinnvoll und nützlich für dich waren. Deine Reaktion war eine Möglichkeit, deinem Lebensthema zu begegnen.

Bei allen Unannehmlichkeiten solltest du aber nicht die Absprache der Seelen vergessen. Auch, wenn du während deiner Lektion leiden musstest, war es doch letztendlich deine Seele, die diese Situation gemeinsam mit allen beteiligten Seelen geplant und sie vor Eintritt in die jetzige Inkarnation um Mithilfe gebeten hatte.

Da wir alle Teil der Einheit sind, in der alles bedingungslose Liebe ist, sollten wir auch hier auf Erden unserer wahren Natur gerecht werden und versuchen, in Liebe und Frieden zu leben. Obwohl unser Verstand nicht immer dazu bereit ist, die Notwendigkeit einer Auseinandersetzung zu erkennen, sollten wir uns doch bemühen, auf der Basis der Liebe zu leben und aus diesem Grund unserem etwaigen Kontrahenten zu verzeihen und zu vergeben.

Aufgrund der Absprachen, die wir mit anderen Seelen für deren Lebensplan getroffen haben, verhalten wir uns selbst in einigen Situationen so, dass es sicher nicht zur Freude unserer Mitmenschen beiträgt. In dem Fall sind wir es, die sie auf ihr Lernthema aufmerksam machen. Dieser Hinweis soll aber jetzt nicht jedes Verhalten rechtfertigen und dich gar dazu veranlassen, unbeschwert Konflikte zu entfachen. Dies würde vermutlich gegen deinen Lebensplan sprechen. Ich möchte mit dieser Feststellung lediglich darauf hinweisen, dass sicherlich auch du mitunter negative Situationen herbeiführst, für die du um Verzeihung bitten kannst.

Im Universum hat zwar alles seine Berechtigung, doch trägt in unserem irdischen Dasein die Vergebung entscheidend zu einem vernünftigen und harmonischen Miteinander bei. Selbst, wenn es aus ganzheitlicher Sicht gar nichts zu vergeben gibt, da es sich ja um eine abgesprochene Lektion handelt, erleichtert die Vergebung doch die weitere Beziehung. Wenn wir hier auf Erden verzeihen, können wir eine neue Basis der Harmonie und des Friedens schaffen, die uns das Leben nicht nur erleichtern, sondern es um vieles bereichern kann. Vergiss nicht: Wir alle sind Akteure in dem großen Spiel des Lebens in dem es heißt: Alle für alle.

Sicherlich sind manchmal die Umstände so „verfahren", dass in der menschlichen Beziehung keinerlei Annäherung möglich ist. In diesem Fall solltest du aber zumindest für dich die Angelegenheit klären und im Stillen vergeben oder um Vergebung bitten. Die Seelen werden mit Sicherheit auf der jenseitigen Ebene weiterhin in Liebe und Freundschaft vereint sein.

Der Engel der Vergebung hilft dir, deine Beziehung zu deinen Mitmenschen zu bereinigen. Bitte ihn um Erkenntnis der Situation und um Hilfe, die Gefühle zu heilen. Die Engel wissen, dass dein Verhalten für deine bzw. die Entwicklung deines Kontrahenten und für die daraus gewonnenen Erkenntnisse notwendig war und werden dieses keiner Wertung unterwerfen. Es gibt keinen Grund, deiner oder einer anderen Seele die Vergebung zu verwehren.

Die nachfolgende Meditation soll dir helfen, selbst zu vergeben oder für dein Handeln und Denken um Vergebung zu bitten. Bitte daher die Engel um ihre Unterstützung, dein Herz von seinen Verhärtungen zu befreien und dir die Bereitschaft zum Einlenken oder zum Vergeben zu schenken.

Meditation: Engel der Vergebung

Du wanderst über einen schmalen Bergpfad einem Gipfel entgegen. Der Weg steigt nur mäßig an und es fällt dir leicht, diesen Berg hinaufzuwandern. Du fühlst dich heute frisch und kraftvoll, daher gehst du deinen Weg mit Leichtigkeit. Auf den saftigen, grünen Bergweiden grasen gemächlich ein paar braune Kühe, deren Glocken träge bei jeder ihrer Bewegung läuten. Während du die frische, klare Bergluft einatmest, lässt du deinen Blick über diese herrliche, ruhige Landschaft gleiten.

Schon bald erreichst du den Gipfel. Eine kleine Bergkapelle erwartet dich hier im Licht des goldenen Sonnenscheins. Durch ihr einladend geöffnetes Tor trittst du in den dämmrigen Raum ein. Lass dich von der Ruhe und Stille dieser Stätte umfangen. Sieh, dass du nicht allein bist. Am Altar erwartet dich ein lichtvoller Engel. Er ermutigt dich, näher zu treten, und empfängt dich liebevoll. Dieser Engel strahlt Verständnis aus und du weißt sogleich, dass du dich vertrauensvoll an ihn wenden darfst.

Der Engel lädt dich ein, mit ihm Platz zu nehmen. Er macht dir Mut, dich ihm anzuvertrauen, denn du bist heute hierhergekommen, um dein Herz zu erleichtern. Du hast den Wunsch, dich von den Gefühlen eines Konflikts zu befreien. Daher trägst du nun deinem himmlischen Helfer vor, was dich belastet und bedrückt. Lass dir Zeit.

Aufmerksam hört dir der Engel der Vergebung zu. Er steht dir sehr nah und weiß um deinen Lebensplan. Daher ist es ihm auch möglich, mit dir zu fühlen, deine Not zu erkennen und zu erfassen, wie sehr dich diese Situation belastet. Beruhigend und tröstend umarmt er dich. Lass dich ganz einfach von seiner Liebe und Güte umfangen.

Der Engel der Vergebung macht dich darauf aufmerksam, dass jeder Konflikt die Chance der Erkenntnis in sich trägt. Daher versucht der Engel nun, mit dir gemeinsam zu ergründen, wozu dieser Konflikt dient und welche Erkenntnisse du daraus ziehen kannst. Du hast genügend Zeit, um gemeinsam mit deinem Engel den Sachverhalt zu betrachten und seinen Nutzen und Sinn zu erkennen. Spüre, wie dich dabei die Schwingung der Liebe und des Verständnisses dieses wundervollen Engels stärkt.

Dein Engel erklärt dir nun, dass die wahre Natur aller Seelen die Liebe ist. Diese Liebe ist bedingungslos und bereit, alles zu verzeihen.

Sieh nun, wie der Engel zum Altar tritt und dort eine Kerze entzündet. Knie neben deinem Engel der Vergebung nieder. Bitte mit ihm gemeinsam um Verzeihung für dein Denken, Reden oder Schweigen, für dein Tun oder Unterlassen oder öffne dein Herz, um selbst vergeben zu können. Bitte ihn, dir die Einsicht für das Handeln deiner Mitmenschen zu geben und die Kraft ihnen zu verzeihen.

Nimm nun wahr, wie dein Herz leichter wird. Du fühlst, wie der starke Druck nachlässt und dein Atem wieder freier fließen kann. Ein Licht fällt behutsam zu dir in die Kapelle. Erst ist es noch ganz schwach, doch bald wird es leuchtender und intensiver. Dieses Licht schenkt dir Vertrauen, Erkenntnis und Zuversicht. Dankbar spürst du die Befreiung und Erleichterung deines Herzens.

Voller Freude erhebst du dich. Du umarmst deinen Engel und dankst ihm aus tiefstem Herzen für seine Hilfe. In seiner Nähe spürst du die unendliche Liebe der Einheit. Sie schenkt dir das Gefühl von tiefer Geborgenheit. Du genießt die Gegenwart des Engels der Vergebung und freust dich über euer Beisammensein.

Ganz allmählich wird es Zeit, dich von deinem Engel zu trennen. Verabschiede dich daher nun von ihm. Empfange seinen Segen, der dich mit Kraft und Liebe erfüllt. Dann verlasse die kleine Kapelle und tritt hinaus auf den Berggipfel, wo dich das goldene Sonnenlicht empfängt. Nun kannst du die Aussicht von hier oben entspannt genießen. Du spürst die Freiheit und die Weite der Bergwelt in dir.

Beschwingt beginnst du deinen Abstieg. Dabei genießt du die Wärme der Sonne auf deiner Haut. Du genießt jeden Sonnenstrahl, der dein Herz berührt und dich mit neuer Lebensfreude erfüllt. Atme die klare Bergluft ein. Erfreue dich an den Blumen, Kräutern und Gewächsen auf deinem Weg. Lausche beglückt dem Zwitschern der Vögel.

Mit jedem deiner Schritte bist du dir deiner Befreiung und Erleichterung mehr bewusst. Dabei erwacht möglicherweise in dir der Wunsch, etwas in deinem Leben zu verändern. Gib dich deinen Gedanken hin. Schau zuversichtlich in die Zukunft. Du hast genügend Zeit.

Wenn du das Tal erreichst, bist du bereit, zurück in deinen Alltag zu kehren. Daher lässt du dich nun ganz allmählich von deinem Atem wecken. Du spürst in deinen Körper hinein, bemerkst, wie auch er langsam erwacht, und mit einem tiefen Atemzug kommst du zurück in Raum und Zeit. Öffne nun erfrischt und befreit deine Augen.

Versöhnung

Die Versöhnung folgt der Vergebung. Die Vergebung bewirkt, dass du dich nach einem unangenehmen Vorfall von deinen belastenden Gefühlen lösen kannst. Die Versöhnung lässt es darüber hinaus zu, dass auf beiden Seiten der Kontrahenten wieder ein friedliches Gleichgewicht entsteht. Sie nimmt der Angelegenheit die Tragik, gibt Vertrauen zurück und ermöglicht ein friedliches Miteinander, ohne nachzutragen oder zu verurteilen.

Während die Vergebung durchaus einseitig erfolgen kann, sind bei der Versöhnung alle Beteiligten aufgefordert sich die Hände zu reichen. Da du jedoch nicht den Einfluss auf das Denken und Empfinden deines Kontrahenten hast, ist es in diesem Fall sehr nützlich, die Hilfe der Engel in Anspruch zu nehmen. Sie können eine Verbindung zwischen den Seelen herstellen. Zudem unterstützen sie deine Erkenntnis, welche der Heilung möglicher Verletzungen und damit der Beziehungen dient. Bitte die Engel, dir zu helfen, sofern es zu deinem Wohle und zum Wohle aller Beteiligten ist.

Vergiss aber nicht, dass es durchaus Situationen gibt, die auch eine Trennung oder Auflösung einer Beziehung fordern. Eine Trennung kann sowohl vorübergehend als auch auf Dauer notwendig sein, wenn sie Teil einer Lernaufgabe ist. Doch vertraue darauf, sofern du die Engel um ihre Hilfe bittest, werden sie sich bemühen die Energien in die für alle Beteiligten richtigen Bahnen zu lenken. Sie werden dir helfen, die Angelegenheit zu verarbeiten und zu heilen.

Sofern die beteiligte Person nicht bereit ist einzulenken und dir die Hand zur Versöhnung zu reichen, so versuche wenigstens du, gegebenenfalls mit Hilfe der Engel, das Band der Zuneigung aufrechtzuerhalten. Es braucht Zeit, bis die Schwingungen unserer Aktion zu uns zurückkommen. Manchmal warten wir bis zu einem späteren Leben darauf. Doch du weißt inzwischen um das kosmische Gesetz, dass jede Aktion eine Reaktion auslöst und somit all das, was wir aussenden, zu uns zurückkehrt. Erinnere dich auch daran, dass alle Seelen aus der Einheit geboren sind und in Wahrheit zusammengehören, eins sind. Auch, wenn du dich während deines Erdendaseins von deinen Mitmenschen getrennt fühlst, bist du doch auf ewig mit allen und allem verbunden. Lass durch das energetische Band die Liebe fließen und sei dir deiner Verbindung auch während einer möglichen räumlichen Trennung bewusst.

Meditation: Engel der Versöhnung

Stell dir vor, du gehst durch einen dichten Wald. Geheimnisvoll fallen die Sonnenstrahlen wie ein dünner Schleier durch das dichte, grüne Laub. Du hörst das Zwitschern der Vögel, während dich der Frieden deiner Umgebung beruhigt. Mit jedem deiner Atemzüge nimmst du die frische und klare Waldluft in deinen Lungen auf. Bei jedem Schritt fühlst du den angenehmen, weichen Waldboden unter deinen Füßen. Vielleicht beobachtest du ein Eichhörnchen, das flink auf einen Baum klettert, dich von dort oben aufmerksam beobachtet, um dann im dichten Laub des Baumes zu verschwinden.

Dein Weg führt dich an einem kleinen Bach vorbei, der dich munter ein Stückchen deines Weges begleitet. Du lauschst seinem Plätschern und spürst, wie du dich dabei mehr und mehr entspannst. Der Bach mündet in einen friedlichen Waldsee am Rande einer grünen Lichtung. Dort erwartet dich bereits im goldenen Sonnenlicht der Engel der Versöhnung.

Er kommt auf dich zu und reicht dir zur Begrüßung freundlich seine Hand. In seiner Gegenwart empfindest du sofort Vertrauen und Verständnis. Lass dich von ihm zu einer hölzernen Sitzbank unter einer dicken Eiche führen, um dich ihm anzuvertrauen. Erzähle ihm von dem Menschen, mit dem du dich versöhnen möchtest. Erzähle ihm von der Situation, die euren Konflikt ausgelöst hat. Vertraue ihm deine Gefühle und deine Verzweiflung an, während dich die beruhigende und liebevolle Schwingung deines Engels ermutigt und stärkt.

Geduldig und voller Verständnis hört er dir zu. Er steht dir sehr nahe und weiß um deinen Lebnsplan. Daher ist es ihm auch möglich, mit dir zu fühlen, deine Not zu erkennen und zu erfassen, wie sehr dich diese Situation belastet. Er legt dir tröstend seinen Arm um deine Schultern, so dass du dich vollkommen geborgen fühlst.

Der Engel der Versöhnung erklärt dir, wie wichtig dieser Konflikt für deine Entwicklung ist, da er dir die Möglichkeit gibt zu wachsen und zu reifen. Er ermuntert dich, gemeinsam mit ihm deine Gefühle zu hinterfragen, um deren Ursache zu erkennen. Wenn ihr dies nun tut, so habt ihr genügend Zeit dazu.

Dein Engel macht dich jetzt auf deine Entscheidungsmöglichkeit aufmerksam, die Angelegenheit zum Guten zu wenden und deinem Kontrahenten die Versöhnung anzubieten.

Wenn du zur Versöhnung bereit bist, bitte deinen Engel, die Person zu dir auf diese Waldlichtung zu rufen, der du jetzt verzeihen möchtest. Schon bald siehst du, wie sich dir diese Person nähert. Erhebe dich und gehe ihr entgegen. Der Engel der Versöhnung schenkt dir die nötige liebevolle Energie, die dich dabei stärkt und unterstützt. Seine Nähe beruhigt dich, wenn du jetzt dieser Person gegenüberstehst.

Begrüße sie freundlich. Wenn du magst, reiche ihr die Hand. Vielleicht möchtest du sie zu der Bank unter der alten Eiche führen, damit ihr euch dort in Ruhe unterhalten könnt. Erzähle nun dieser Person von deinen Empfindungen, deiner Verletzung oder Enttäuschung. Erzähle ihr von deinen Erwartungen oder Anforderungen, die du an die Situation oder an diese Person stelltest. Vielleicht möchtest du auch eine Erklärung für dein Verhalten abgeben, um Verständnis und darüber hinaus um Verzeihung und Versöhnung bitten.

Dann nimm dir die Zeit, um dieser Person zu sagen, was aus deiner Sicht hätte anders ablaufen, gesagt werden sollen oder was besser nicht gesagt worden wäre, um der Angelegenheit einen friedlichen Ausgang zu geben.

Gib aber auch deinem Gegenüber die Gelegenheit, die Situation aus seiner Sicht zu schildern. Ermögliche ihm, von seinen Gefühlen, Vorstellungen und Erwartungen zu sprechen. Sei bereit, ihm aufmerksam zuzuhören, und versuche, auch ihn zu verstehen.

Während dieses Gesprächs spürst du die versöhnliche Energie des Engels, welcher diese Aussprache unterstützt und liebevoll lenkt. Sie schenkt dir Mut und erleichtert dir die Begegnung. Ganz allmählich wirst du ruhiger und in dein Herz kehrt wieder Frieden ein. Versöhne dich jetzt mit dieser Person. Sag ihr, wie wichtig sie für dich ist, wie sehr dir an eurer Freundschaft oder zumindest an einem friedlichen Miteinander gelegen ist. Erhebt euch nun zur gemeinsamen Umarmung. Spüre die Nähe dieser Person, fühle ihre Wärme und freue dich darauf, eure Beziehung in Frieden und Harmonie fortzusetzen. Dann verabschiede dich liebevoll von dieser Person und sieh, wie sie die Waldlichtung verlässt und zurück in den Wald geht.

Du fühlst die Erleichterung und Befreiung in dir. Du bist voller Dankbarkeit für die Hilfe deines Engels der Versöhnung. Ein Lächeln ist nun auf deinem Gesicht zu sehen und in dir erwacht wieder die Freude an deinem Dasein. So verabschiedest du dich jetzt von deinem Engel. Umarme auch ihn noch einmal und verlasse ebenfalls diese ruhige, kleine Waldlichtung.

Gehe über den friedlichen Waldweg zurück. Während du dem Lauf des kleinen Baches folgst, lauschst du seinem erquickenden Plätschern, erfreust dich an dem munteren Zwitschern der Vögel und genießt freudig jeden Atemzug, der deine Lungen mit der frischen, klaren Waldluft füllt.

Erleichtert erreichst du den Ausgang des Waldes. Du trittst in das goldene Sonnenlicht hinaus, das angenehm deine Haut liebkost und deine Lebensfreude stärkt. So bist du nun bereit, entspannt und versöhnt in deinen Alltag zurückzukehren. Atme darum jetzt tief ein und öffne langsam wieder deine Augen.

Was wäre unser Leben ohne Hoffnung und Zuversicht!

Ohne Hoffnung und Zuversicht wäre das Leben oftmals sehr traurig und es fiele uns manches Mal unendlich schwer, seinen Herausforderungen standzuhalten. In Zeiten, in denen graue Wolken den Horizont unseres Lebens verdunkeln, geben uns Hoffnung und Zuversicht die Kraft durchzuhalten und nach einer Lösung Ausschau zu halten beziehungsweise einfach nur auf sie zu warten. Sicher kennst du die Geschichte vom Frosch, der in die Milch fiel, wo er zu ertrinken drohte. Er gab die Hoffnung nicht auf und so strampelte er, bis die Milch nach Stunden zu Butter wurde und er aus dem Milchtopf springen konnte.

Du verfügst über deinen freien Willen und so hast du immer die Wahl, dich zwischen mehreren Möglichkeiten zu entscheiden. Zwangsläufig gerätst du auch einmal in eine vermeintliche Sackgasse, in der du dich rat- und hilflos fühlst. Doch aufgrund deines freien Willens entscheidest du, ob du verzweifeln und aufgeben willst oder ob du mithilfe von Hoffnung und Zuversicht neue Energien aktivierst, die dich zum Vertrauen und Durchhalten ermutigen und stärken.

Wenn du dich je in einer Situation befunden hast, in der du verzweifelt nach einer Lösung oder einem Ausweg gesucht hast, kennst du vermutlich auch dieses Schwächegefühl, das dir deine Kräfte entzieht und dich zu Boden drückt. Verlierst du dich in diesem Abgrund deiner Gefühle, so schwinden deine Energien mehr und mehr. Dies kann zu einer Blindheit führen, welche dir die Sicht auf eine rettende Lösung versperrt. Dagegen schenken dir Hoffnung und Zuversicht die Kraft, die dich dazu befähigt, aus diesem Tal deiner Gefühle wiederaufzusteigen. Sie ermöglicht es dir, eine Lösung zu erkennen, auf sie zu warten oder nach ihr Ausschau zu halten. Sie gibt dir Mut und Vertrauen auf die nahende Hilfe.

Manchmal verzweifeln wir angesichts einer Sachlage, die uns zu überfordern scheint, da wir uns ihr nicht gewachsen fühlen. Oft kann unser menschliches Denken die Vielzahl der Möglichkeiten nicht erfassen und/oder schließt die eine oder andere Lösung vorschnell aus, da diese zu abwegig erscheint. So übersehen wir leicht den Weg, der doch letztendlich alles zum Guten wenden könnte.

Es gibt für alles eine Lösung. Du musst nur dazu bereit sein, zu vertrauen und deine Augen zu öffnen, um diese Lösung zu erkennen und anzunehmen. Manchmal ist es nötig, dass wir unseren Blickwinkel verändern und die Angelegenheit von einer völlig anderen Seite betrachten. Oft hat sich schon der alte Vers bewahrheitet: „Immer, wenn du denkst, es geht nicht mehr, kommt von irgendwo ein Lichtlein her." Vielleicht hast du es selbst schon einmal erlebt, wie sich plötzlich und überraschend hilfreiche Mittel und Wege auftaten oder die leidige Angelegenheit ganz einfach im Sande verlief. Dies sind beispielsweise die "Lichtlein", die unser Leben wiederaufhellen. Häufig scheinen sie von ganz allein zu kommen, doch musst du nicht tatenlos auf sie warten. Du kannst jederzeit selbst aktiv werden und den Engel der Hoffnung und Zuversicht rufen, ihn um seine Hilfe und seine stärkenden Energien bitten. Vertraue auf die Kraft der Engel und erwarte mit ihnen gemeinsam das segensreiche Licht.

Falls du glaubst, dir könne auf Erden niemand mehr helfen, so sei überzeugt, jenseits unserer Dimensionen existiert eine Energie, welche stärker ist als all die irdischen Kräfte - eine Energie, deren Ausmaß und Fähigkeiten uns weitestgehend unvorstellbar und die jedoch sprichwörtlich in der Lage ist „Berge zu versetzen". Aus der Urquelle, der reinen Schöpfungsenergie, fließt uns die machtvolle Kraft der Engel zu, die jederzeit zu stärken und zu unterstützen in der Lage ist, sofern es unserem und dem Wohle aller dient. Die Engel stehen dir bei der Erfüllung deines Lebensplans und seiner Ziele hilfreich zur Seite.

Vertraue deinem Lebensweg. Dieser ist wie eine Erlebnisreise. Hin und wieder magst du dabei in eine Sackgasse geraten. Es wäre schade, wenn du hier stehen bleiben würdest, denn es wartet noch so viel Sehenswertes auf dich. Daher schau dich dort um, wo du gerade stehst. Sieh, was es hier zu entdecken gibt, und finde einen Weg, um deine Reise, bereichert durch die Souveniers deiner Erkenntnis, fortzusetzen. Vielleicht verlässt du auf deiner Reise auch hin und wieder einmal den direkten Weg, fährst über die Landstraßen anstatt über die Autobahn. Deine Reise mag zunächst wie ein Umweg erscheinen und vielleicht nicht ganz so schnell und bequem verlaufen wie erhofft. Doch sie erlaubt dir vielleicht, mehr zu sehen und zu erleben. Du magst die eine oder andere zusätzliche Erfahrung sammeln, die du zwar nicht beabsichtigt hattest, die dir aber durchaus nützlich sein mag. Nichts auf deiner Lebensreise ist vergebens und nichts wird deiner Seele wirklich schaden. Sicher handelt es sich nicht immer um eine Vergnügungsreise. Manchmal wird sie zu einem Abenteuertrip, der auch Mühen und Schmerzen fordert. Doch deine Lebensreise wird dich ohne Zweifel immer ans Ziel führen. Spätestens dort darf die Seele sich von allen „Übeln" erholen, um gestärkt und frisch zu einem neuen Ausflug zu starten. (Näheres hierzu findest du unter dem später angesprochenen Thema der Wandlung.)

Hoffnung und Zuversicht sind zweifelsohne Auswirkungen positiven Denkens. Ja, ohne positives Denken wären sie vollkommen unmöglich. Wir wissen bereits um die Kraft unserer Gedanken, wissen, wie sie Einfluss auf unser Leben nehmen können. Besonders in verzweifelten Momenten geben sie uns die Zuversicht auf eine Lösung oder eine Rettung, sodass wir danach Ausschau halten können. Da wir aber nur das sehen können, was wir für möglich halten, können wir auch die Lösung oder Rettung nur erkennen, wenn wir an sie glauben.

Positives Denken, Hoffnung und Zuversicht geben uns nicht

nur in schwierigen Situationen die notwendige Energie. Sie helfen uns, in jeder Lage unser Leben zu bewältigen und es letztlich auch zu genießen.

Es mag dir sicher hin und wieder schwerfallen positiv zu denken. Wenn du in einem Gefühlstief gefangen bist und dich kraftlos fühlst, scheint es dir unter Umständen leichter, dich hängen zu lassen und lustlos abzuwarten. Doch dies kann nicht der Sinn des Daseins sein. Das Leben ist ein Spiel, das du gemeinsam mit der gesamten Menschheit spielst. Dein Mitwirken hat Einfluss auf deine Mitspieler/innen. Es wäre unfair, wenn du die Sachen einfach „hinschmeißen", also resigniert aufgeben würdest. Dieses Spiel ist manchmal eine große Herausforderung, der es sich zu stellen gilt und die gemeistert werden will. Die Niederlagen wie auch die Erfolge hängen sowohl von deinen Entscheidungen als auch von deiner Geschicklichkeit, deiner Ausdauer und nicht zuletzt von deinen Gedanken ab. Sofern du positiv denkst, macht es Spaß am Leben teilzunehmen. Wenn du mit Hoffnung und Zuversicht darauf vertraust, dass es für alles eine Lösung gibt, so kannst du das Leben auch trotz gelegentlicher Tiefs genießen. Mach dir bewusst: Auch ein Tief gehört zum Leben. Nur, wenn du unten bist, also in einem Tief steckst, kannst du auch hinaufsteigen, um ein Hoch zu erleben. Ein Leben ohne Tiefen kann auch keine Höhen kennen und hätte immer gleichbleibende Gefühle zur Folge. Wäre das nicht langweilig?

Du bist der Schöpfer deiner Realität. Du bestimmst, ob du dein Leben als hoffnungslos und leer ansiehst oder ob du es als Chance betrachtest und für deine Ziele all deine Kräfte aktivierst. So wie du ein Glas als halb voll oder als halb leer betrachten kannst, so entscheidest du für dich, ob du einen Sachverhalt positiv oder negativ wertest, obwohl der Zustand derselbe ist: Das Glas ist zur Hälfte gefüllt... Wie du siehst, entscheidest du bereits durch deine Wortwahl, ob du mit der Angelegenheit zufrieden bist oder sie bedauerst, was dir die Energie entziehen kann.

Durch positives Denken nehmen wir Einfluss auf das Geschehen. Mit Hoffnung und Zuversicht können wir darauf vertrauen, dass alles so kommt, wie es für uns und alle Beteiligten richtig ist. Häufig erkennen wir das „Lichtlein", welches uns am Himmel erscheint. Doch gibt es auch Momente, in denen wir uns verdeutlichen müssen, dass das Leben nicht unbedingt nach unseren menschlichen Wünschen und Erwartungen verläuft, sondern nach dem von unserer Seele festgelegten Plan. Wenn nun deine Seele beschlossen hat, dieses Leben in Bescheidenheit zu begehen, so wirst du wohl vergeblich auf einen Millionengewinn warten. Hat sich die Seele eines geliebten Menschen entschlossen, den Wandel zu vollziehen, also zu sterben, um zurück in die Einheit zu gehen, so können und dürfen wir dies nicht verhindern.

Gib deine Hoffnung und Zuversicht nicht auf, auch wenn es manchmal anders kommt, als du es dir wünschst und erträumst. Mit deinen positiven Gedanken lenkst du die Energie in die richtige Richtung. Erkenne, dass alles Geschehen dem Wohle der Beteiligten dient. Alles im Universum hat seinen Sinn. Alles ist gut. Auch, wenn wir den Sinn oft erst später oder hier auf Erden gar nie erkennen mögen.

Wir haben immer die Möglichkeit, unsere Engel zu bitten, uns die Energie der Hoffnung und Zuversicht zu schenken. Wir können sie bitten, uns das Licht zu zeigen, das uns aus dem momentanen Dunkel einer vermeintlichen Misere führt. Bitte die Engel möglichst regelmäßig, nicht nur in einer Notlage, dir in jeder Situation Hoffnung und Zuversicht zu schenken, damit du erwartungsvoll in die Zukunft sehen und auf das Morgen vertrauen darfst.

Bevor ich dich nun dazu einlade, dem Engel der Hoffnung und Zuversicht zu begegnen, möchte ich dir einen Spruch weitergeben, der mir besonders gut gefällt und der so viel Wahrheit enthält:

„Angst klopfte an die Tür. Vertrauen öffnete, und niemand war da."

Wer vertraut, ist voller Hoffnung und Zuversicht, denn diese lösen die Angst auf.

Meditation: Engel der Hoffnung und Zuversicht

Du befindest dich in einer weiten Ebene. Hier sitzt du im Licht der aufgehenden Sonne. Ihre sanften Strahlen berühren dich und du genießt das Schauspiel eines wunderschönen Sonnenaufgangs. Das rote Sonnenlicht scheint sich über die Landschaft zu ergießen und du spürst den Zauber der Morgenstunde, der dir einen wundervollen neuen Tag verspricht.

In dir verspürst du noch die Ruhe und Stille der Nacht. Völlig entspannt atmest du ganz ruhig und gleichmäßig. Genieße es einfach, hier zu sitzen und das Morgenrot zu betrachten.

Nach einer Weile bemerkst du neben dir ein helles Licht, in dem ein wunderschönes Wesen Gestalt annimmt. Je deutlicher du dieses Lichtwesen wahrnimmst, umso ausgeglichener und ruhiger wirst du. Du wirst erfüllt von einer wunderbaren Stimmung.

Nun kannst du dieses Lichtwesen ganz deutlich erkennen. Es begrüßt dich liebevoll. Während es dich mit seiner sanften Energie umgibt, durchströmt dich ein unendlich tiefes Vertrauen. Dir wird bewusst, dass dich dein Engel der Hoffnung und Zuversicht heute besucht, um dich von deinen Ängsten und Zweifeln zu befreien. Lass dich zur Begrüßung von ihm umarmen. Spüre seine beruhigende Gegenwart und genieße es dankbar, in seiner zuversichtlichen Schwingung zu entspannen.

Dann öffne dein Herz. Vertraue dich dem Engel an und erzähle ihm, was dich bedrückt, ängstigt oder dir Sorgen bereitet. Sei voller Vertrauen und lass dir Zeit.

Aufmerksam hört dir dein Engel zu. Von Zeit zu Zeit ermuntert er dich, ihm auch deine Wünsche und Erwartungen anzuvertrauen. Solange du dich ihm anvertraust, hält er zärtlich deine Hände und so spürst du, wie seine Kraft und Wärme auf dich überfließt und dich stärkt. Nachdem du nun deinen Bericht beendet hast, schließt er dich liebevoll in seine Arme. Dabei durchfluten dich wunderbare Wellen der Energie, die dir Hoffnung und Zuversicht schenken. Du spürst, wie sie mit jedem Atemzug stärker werden und in dir das Vertrauen darauf wächst, dass alles gut wird. Nimm dir Zeit und genieße den Frieden und die Ruhe, die du hierdurch erfahren darfst.

Nun erinnert dich der Engel der Hoffnung und Zuversicht daran, dass alle Geschehnisse auf der Erde und in unserem Universum nach einem großen Plan erfolgen. Alles habe seinen Sinn, auch wenn es dir nicht immer vergönnt sei, diesen zu erkennen.

Er erklärt dir weiter, dass es das Ziel deiner Seele sei, vollkommen zu werden. Darum sei es wichtig, das Dasein mit all seinen Varianten zu erfahren, um hierdurch Erkenntnisse und Einsichten zu bekommen, die deine Seele mehr und mehr erleuchteten. Er erinnert dich daran, dass alle Seelen vor dem Eintritt in dieses Erdendasein ihren Lebensplan festgelegt haben, um das noch fehlende Verständnis dem bereits Erkannten hinzuzufügen. So geschieht alles in deinem Leben nach dem für dich vorgesehenen Plan. Der Engel macht dich auch darauf aufmerksam, dass jede Situation dir unterschiedliche Möglichkeiten bietet und du deinem freien Willen entsprechend wählen kannst, welche die wohl für dich richtige ist und welchen Weg du einschlägst. Dieser Weg mag dich manchmal in eine Sackgasse führen, deren Ausweg dir nicht gleich sichtbar ist. Doch alles hat seinen Sinn und so erhältst du auch durch die momentanen Umstände eine Chance für neue nützliche Erfahrungen. Der Engel verspricht dir, dass Hoffnung und Zuversicht dir helfen, das Licht zu erkennen, das dir einen Ausweg, eine Lösung, zeigt.

Angeregt durch diese Worte deines Engels, spürst du in dich hinein. Du entdeckst in dir die Kraft der Hoffnung und der Zuversicht, wirst dir bewusst, wie sie dich stärkt und ermutigt, vertrauensvoll in die Zukunft zu blicken. Sie beeinflusst deine Gedanken positiv und du erkennst auch die Stärke dieser Gedanken.

Der Engel erinnert dich daran, dass du mit deiner Gedankenkraft Einfluss auf die Geschehnisse nehmen kannst, da die Energie der Aufmerksamkeit folgt. Darum solltest du stets versuchen, deine Gedanken positiv zu lenken. Achte auf deine Worte und vermeide negativ besetzte Aussagen. Stelle dir mit Hilfe deiner positiven Gedanken dein Leben so vor, wie du es dir wünschst - friedlich, freudig, bunt und heiter. Sieh das Licht in deinem Leben und vermeide es „schwarzzusehen“.

Nimm dir einen Moment Zeit, um den Sinn der Worte deines Engels in Ruhe zu erfassen. Benutze deine eigenen positiven Gedanken, um dir das Gesagte zu verdeutlichen. Der Engel der Hoffnung und Zuversicht unterstützt dich und deine Gedanken durch seine Energie.
In seiner Gegenwart fühlst du dich geborgen und genießt deine innere Ruhe und den inneren Frieden.

Nun wende dich noch einmal vertrauensvoll an deinen Engel. Bitte ihn, dir das Licht zu zeigen, das dich aus der Dunkelheit hinausführen kann. Frage ihn, ob er dir einen Rat für deine augenblickliche Lage geben kann.

Sei offen für seine Antwort. Vielleicht bekommst du sie durch Worte, die du nun hörst, oder durch ein Gefühl, das dir dein Engel vermittelt. Es ist aber auch möglich, das du eine Antwort erhältst, von der du glaubst, du selbst hättest sie erdacht. Sei dir sicher: Jede Wahrnehmung ist richtig. Solltest du nicht sofort eine Antwort erhalten, so sei aufmerksam. Achte darauf, was dir deine Träume vermitteln. Es ist auch vorstellbar, dass du deine Antwort durch eine Textzeile aus einem Lied erhältst oder dass du irgendwo auf einen Satz stößt, der eine ganz deutliche Antwort auf deine Frage enthält. Die Engel antworten auf vielerlei Art.

Noch immer hält dich der Engel der Hoffnung und Zuversicht in seiner Umarmung. Dabei spürst du weiterhin seine stärkende Schwingung, bis deine Angst und Sorge vollkommen der Hoffnung und Zuversicht gewichen sind.

Wenn nun der Augenblick gekommen ist, die Begegnung mit deinem Engel der Hoffnung und Zuversicht zu beenden, verabschiedest du dich dankbar und voller Freude von ihm. Sein Bild verblasst ganz langsam vor deinen Augen, doch seine wundervolle Energie verankert sich in dir und du verschmilzt mit diesem wundervollen Engel.

Du nimmst dich jetzt wieder in der weiten Ebene wahr, in der du im goldenen Sonnenlicht sitzt. Voller Vertrauen begrüßt du den neuen Tag und schaust ihm und deiner Zukunft, mit dem Wissen um den Beistand deiner himmlischen Helfer, hoffnungsvoll und zuversichtlich entgegen.

Dann löse dich langsam aus dieser Situation. Nimm dir all die Zeit, die du noch brauchst, bevor du dich von deinem Atem wecken lässt. Nimm deinen Körper wieder wahr, atme dann tief ein, öffne langsam wieder deine Augen und kehre frisch und erholt zurück in das Hier und Jetzt.

Warum werden wir krank, fühlen uns „unheil"?

Für die Dauer ihres Erdendaseins bewohnt unsere Seele einen Körper. Dieser Körper macht es ihr möglich, Empfindungen zu spüren. Die Seele selbst ist reine Energie. Sie besitzt zwar ein Bewusstsein, doch ohne Empfindungen und Wahrnehmungen ist all ihr Wissen nur Theorie. Es ist so, als läsest du eine Gebrauchsanleitung. In der Theorie klingt alles ganz leicht, doch erst die Praxis zeigt, wo die Tücken versteckt sind oder welche Freude die Umsetzung bereiten kann.

Nehmen wir als Beispiel die schlichte Zubereitung eines Hefeteigs. So unglaublich es dir auch vorkommen mag, doch kann diese Tätigkeit durchaus zu den Erfahrungen gehören, die deine Seele auf Erden machen möchte, denn auch daraus gewinnt sie gewisse Erkenntnisse. Die Anleitung in unserem Backbuch erscheint recht verständlich und nachvollziehbar. Sofern wir jedoch keine Erfahrung hinsichtlich der Zubereitung haben, tauchen schon bald die ersten Fragen auf. Wie warm/kalt darf die Milch sein? Wie sieht der Teig aus, wenn er „gegangen" ist? Doch besonders in Bezug auf unsere Wahrnehmungen können wir während der Zubereitung einiges lernen. Wie fühlt sich der Teig zwischen den Händen an? Wie viel Kraft brauche ich, um ihn zu kneten? Wie riecht dieser Teig vor und nach dem Backen und vor allem: Wie schmeckt er? Wie du siehst, können wir allein während der Zubereitung eines Hefeteigs mit Hilfe unseres Körpers viele Erfahrungen sammeln.

Du erahnst sicherlich, wie groß erst der Erfahrungsschatz eines ganzen Lebens ist. Jedes Gefühl, jede Berührung, jeden Ton, jeden Geschmack, jeden Geruch und jeden Blick können wir einzig durch unseren Körper erfahren. Er sagt uns, ob etwas für uns angenehm oder unerfreulich ist und ob es uns gar Unwohlsein bereitet. Unsere Empfindungen entscheiden darüber, wie wir uns künftig verhalten. Da es unser Bestreben ist, uns wohlzufühlen, werden wir immer wieder versuchen, diesen Zustand durch unser Handeln zu erreichen.

Um all die Empfindungen wahrnehmen und ihre gefühlsmäßige Bedeutung erfassen zu können, brauchen wir also unseren Körper. Je besser er funktioniert, umso mehr Möglichkeiten der Wahrnehmung bieten sich uns. Doch nicht allein aus diesem Grund möchten wir unseren Körper mit all seinen möglichen Funktionen uneingeschränkt nutzen können, möchten heil, gesund, sein. Ist er in einer seiner Funktionen gestört oder bereitet er uns auch nur an der kleinsten Stelle Unbehagen, so benötigen wir Heilung.

Es mag dich vielleicht erstaunen, doch unser Körper kann nur durch uns selbst erkranken, sofern unsere Seele nicht bestimmte Erfahrungen benötigt, die sie nur aufgrund einer eventuell angeborenen Krankheit erhalten kann und diese daher in ihren Lebensplan eingeschlossen hat.

Unser physischer Körper ist zunächst von einer ätherischen Schutzschicht umgeben, die das Eindringen von Viren und Bakterien verhindert. Wenn wir aber einen „ungesunden" Lebenswandel führen, das heißt uns falsch ernähren, rauchen, Alkohol trinken, uns zu viel zumuten, Stress aussetzen und so weiter, entstehen in dieser ätherischen Schutzschicht Risse und Löcher, durch die Krankheitskeime in den physischen Körper eindringen und diesen schwächen können. Darüber hinaus sind es wieder unsere Gedanken, welche Einfluss auf unser Wohlbefinden und auf unsere Gesundheit nehmen. Sie sind es, die in uns eine Disharmonie hervorrufen können, welche sich in unserem Körper bemerkbar macht.

Befinden wir uns in völliger Harmonie, so ist auch unser

Körper gesund. Wir sind heil. Doch was bedeutet es, in Harmonie zu sein? Wir sind in Harmonie, wenn wir im Gleichgewicht sind und *alles*, was uns umgibt, uneingeschränkt so annehmen können, wie es sich uns darbietet. Im Gleichgewicht sein heißt, jedem der durch die Dualität bestehenden Pole das gleiche Gewicht beizumessen, also beide Seiten zu akzeptieren und als gleichwertig zu betrachten.

Da wir in der Welt der Dualität und der Erfahrungen leben, liegt es in unserer Natur, die Pole nach unserem Empfinden unterschiedlich zu bewerten. Obwohl es unser Bestreben sein sollte, alles zu akzeptieren und nicht zu werten, befürworten wir jedoch manche Pole, während wir andere als unangenehm betrachten und daher oft ablehnen und ausgrenzen. Durch unsere innere Verneinung versuchen wir nicht selten, den uns unangenehm erscheinenden Pol auszuschließen, ihn „unter den Teppich zu kehren" und uns vorzumachen, er wäre überhaupt nicht vorhanden. Heil sein bedeutet jedoch, ganz sein. Das heißt, dass wir auch in unserem Bewusstsein die Ganzheit, also alles, zulassen, annehmen und akzeptieren. Versuchen wir, etwas aus unserem Bewusstsein auszuschließen, so fehlt uns etwas (in unserem Bewusstsein). Wir sind nicht ganz, nicht heil.

Nun ist es wieder unser Körper, der uns hilft, Erfahrungen zu sammeln und so das Fehlende zu integrieren. Sofern uns etwas fehlt, macht er uns mit Hilfe von Symptomen darauf aufmerksam. Mithilfe derer gilt es, das Fehlende zu erkennen und in unser Bewusstsein aufzunehmen. Durch diese Integration nehmen wir dem Symptom seine Notwendigkeit, denn es hat seine Aufgabe erfüllt. Es wird überflüssig und wir können wieder heil, gesund werden. Die Ursache für unsere Beschwerden liegt also immer in unserem Bewusstsein, dem gerade etwas fehlt.

Nicht immer werden wir sofort krank, wenn wir der Heilung bedürfen. Manches Mal fühlen wir uns einfach nur unwohl. Dann gilt es, lediglich unsere Gedanken zu beruhigen oder diese in eine andere Richtung zu lenken, ihnen eine neue Perspektive zu geben. Wir haben vielleicht unsere Gedanken auf einen Punkt konzentriert, dem wir unsere ganze Aufmerksamkeit schenkten und den wir zum Zentrum eines stetig wachsenden Gedankennetzes machten, welches den Blick auf die tatsächlichen Umstände möglicherweise verhinderte oder verfälschte. Vielleicht wollten wir aufgrund der momentanen Situation etwas nicht annehmen, nicht akzeptieren und haben es so aus unserem Bewusstsein ausgegrenzt, mit der Folge, dass uns eben hier vorübergehend etwas fehlte.

Als Mensch sind wir grundsätzlich, mehr oder weniger unbewusst, bestrebt unserem Bewusstsein die fehlenden Informationen hinzuzufügen. Welche Informationen, Erfahrungen, unser Bewusstsein in dem jeweiligen Leben ergänzen soll, entscheidet unsere Seele vor ihrer Inkarnation und legt diese in ihrem Lebensplan fest. Selbstverständlich lässt uns nicht jede fehlende Information sofort erkranken.

Wie wir bereits erfahren haben, werden wir auf unterschiedliche Weise auf das uns fehlende Bewusstsein aufmerksam gemacht. Manchmal sind es Begebenheiten, die in uns unangenehme Gefühle wie Ärger, Enttäuschung, Trauer oder Wut hervorrufen. Diese unschönen Gefühle können wir in gewisser Weise bereits als Symptom betrachten. Sagen sie uns doch, dass wir etwas nicht annehmen wollen und daher noch nicht integriert haben. Verharren wir in unseren negativen Gefühlen und geben unserer Umwelt, unseren Mitmenschen, gar die Schuld hierfür, ohne zu erkennen, dass die Ursache in uns selbst liegt, so versäumen wir es, unser Bewusstsein zu erweitern. Dies hat zur Folge, dass wir zu einem späteren oder aber auch baldigen Zeitpunkt auf anderem Wege erneut zur entsprechenden Erkenntnis aufgefordert werden.

Da unsere Seele weiß, dass wir während unseres Erdendaseins ein wenig „schwerfällig“ und nicht immer bereit sein werden, sofort unsere Lernaufgabe zu erkennen und anzugehen, hält sie viele Situationen und Begebenheiten für uns bereit, durch die wir immer wieder die Möglichkeit erhalten, unser Thema anzugehen. Übersehen wir den Hinweis auf eine Lernaufgabe, so werden wir beim nächsten Mal, wie bereits erwähnt, etwas deutlicher darauf hingewiesen. Zunächst mögen die Hinweise nur unangenehme Gefühle in uns wecken, doch sofern wir nicht darauf reagieren, können sie sich in körperliche Symptome verwandeln, welche mit der Zeit immer heftiger und unangenehmer werden. So ist es nicht ausgeschlossen, dass unsere Seele auch die Möglichkeit einer Erkrankung in unserem Lebensplan in Betracht gezogen hat.

Aufgrund der vorstehenden Ausführungen magst du dich nun wundern, warum wir bisher Krankheiten und Symptome überwinden konnten, obwohl wir eigentlich durch fehlendes Wissen gar nicht unser Bewusstsein hätten erweitern können. Zudem magst du dich fragen, wie du erkennst, was deinem Bewusstsein fehlt. Nun, wie du sicher auch aus ganz alltäglichen Situationen weißt, müssen wir nicht alles über unseren Verstand regeln. Sind wir beispielsweise müde, so müssen wir uns nicht erst bewusst machen, dass wir Schlaf benötigen. Uns fallen einfach die Augen zu und wir schlafen ein. Ähnlich ergeht es uns mit auftretenden Symptomen oder Krankheiten. Wir erkennen meist unbewusst, was zu tun ist, und verhalten uns automatisch entsprechend. Je schneller wir erkennen, umso rascher kann die Heilung erfolgen.

Wenn wir bewusst zu unserer Heilung beitragen und diese beschleunigen wollen, kann uns jedoch unser Verstand sehr gut unterstützen. Oft helfen uns kleine Hinweise, die wir in Redewendungen bezüglich unserer Körperorgane finden. Haben wir zum Beispiel „die Nase voll“ oder „schlägt uns etwas auf den Magen“, so können wir anhand dieser Aussagen bereits die Ursache unseres Problems erkennen und so für Abhilfe sorgen.

Sofern du dich tiefergehend mit der Analyse der Symptome befassen möchtest, möchte ich dich auf die hilfreichen Bücher „Krankheit als Weg“, von Thorwald Dethlefsen und Ruediger Dahlke, und „Heile dich selbst“, von Louise Hay, aufmerksam machen, die dir wunderbare Hinweise zu den Ursachen der jeweiligen Symptome geben.

Nicht immer sind wir allein in der Lage, heil zu werden. Manchmal weigern wir uns trotz inzwischen schwerer Krankheit, unser Bewusstsein zu erweitern. Dann, und selbstverständlich auch schon bei kleinen Symptomen, können wir uns Hilfe suchend an den Engel der Heilung wenden. Er kann uns unterstützen, damit wir das uns fehlende Bewusstsein erlangen und integrieren.

Nimm dir Zeit, höre und spüre in dich hinein, um zu erkennen, ob in dir Harmonie ist. Schon ein unangenehmes Gefühl zeigt dir eine Ablehnung in deinem Bewusstsein an. So kannst du auch vorbeugend den Engel bitten, dich zu unterstützen, indem er dir zu einem erweiterten Bewusstsein verhilft.

Nicht nur für unsere Heilung können wir die Engel um ihren Beistand bitten. Wenn uns der Gesundheitszustand unserer Lieben Kummer bereitet, liegt uns deren Genesung ebenfalls am Herzen. Selbstverständlich dürfen wir die Engel auch für diese Menschen um Hilfe bitten, damit auch sie wieder gesund und heil werden können. Wir sollten jedoch bei unserer Bitte um Heilung auf den Zusatz achten: „...sofern es zu seinem (des Mitmenschen) Wohle und zum Wohle aller ist." Denn wir wissen ja nicht, ob dieser Mensch dazu bereit ist, sein Bewusstsein zu erweitern. Vielleicht benötigt er seine Krankheit noch zur Erfüllung seiner Lernziele.

Da uns auch das Wohlergehen unserer Lieben wichtig ist, möchte ich dir neben der Anrufung der Engel noch einen weiteren Weg zeigen, der es dir ermöglicht, zum Wohlbefinden dieser Menschen beizutragen. Sicher ist dir das Sprichwort bekannt: „Liebe heilt alle Wunden." Diese Worte haben sich schon oft bestätigt. Die Liebe ist die größte Kraft auf Erden. Sie vermag es, uns anzuspornen, unseren Lebensmut zu steigern und unsere Selbstheilungskräfte zu aktivieren. Vielleicht hast du selbst schon einmal die Erfahrung gemacht, dass dir während einer Erkrankung so viel Liebe entgegengebracht wurde, dass du deine Schmerzen gar nicht mehr oder zumindest nicht mehr so intensiv spürtest.

Die Liebe schenkt Freude, und diese Freude ermöglicht es, positiv zu denken. Ja, auch im Krankheitsfall ist das positive Denken ein hilfreicher Schritt in Richtung Heilung, denn es akzeptiert und integriert so das fehlende Bewusstsein. Bestimmt hast auch du schon davon gehört, dass Menschen, die an ihre baldige Genesung glaubten, schneller gesund wurden als diejenigen, welche sich hoffnungs- und mutlos ihrem „Schicksal" hingaben. Nicht selten verbirgt sich hinter den sogenannten „Spontanheilungen" offenkundig unheilbar erkrankter Menschen das positive Denken des Patienten. Durch sein Vertrauen und seine positiven Gedanken fügt er seinem Bewusstsein das Fehlende hinzu und macht so seine Symptome und Erkrankung überflüssig.

So kannst du, neben der Anrufung der Engel, jeden Heilungsprozess durch positives Denken und Liebe unterstützen. Doch auch bei blendender Gesundheit hilft eine solche Einstellung, nämlich als Vorsorge.

Meditation: Engel der Heilung

Du befindest dich an einem Ort, an dem du dich sehr wohlfühlst. Dies kann eine wunderschöne Wiese sein, eine kleine Waldlichtung, ein Berggipfel oder auch ein herrlicher Sandstrand. Schau dich um. Sieh, alles um dich herum entspricht deinen Vorstellungen und schenkt dir Wohlbefinden. Du spürst das Klima auf deiner Haut, die Sonne, den Wind oder vielleicht auch den Schnee oder den Regen. Auch die für diese Gegend typischen Geräusche kannst du wahrnehmen.

Während du ruhig und gleichmäßig atmest, entspannst du dich mehr und mehr. Ruhe breitet sich in dir aus. Du fühlst tiefen Frieden und Geborgenheit. Genieße diesen Zustand, während du eine Weile einfach nur zufrieden dasitzt.

Dann schau in die Ferne. Dort siehst du ein helles Licht erstrahlen. Ganz langsam kommt es auf dich zu. Doch während es sich dir nähert, wird dieses Licht größer und strahlender. Ganz allmählich nimmt es Gestalt an und du erkennst deinen Engel der Heilung. Du spürst seine liebevolle, vertraute Energie. Nimm wahr, wie sie dich sanft berührt und dich wie ein weicher Schleier umfängt.

Schau deinen Engel der Heilung an. Wie zeigt er sich dir? Vielleicht siehst du ihn als ein Wesen mit menschlichen Zügen und großen Flügeln. Vielleicht nimmst du ihn aber auch als eine Lichtgestalt, einen Energie- oder Farbwirbel wahr oder du spürst einfach seine Anwesenheit. Alles ist richtig. Alles ist gut.

Begrüße deinen Engel der Heilung. Spüre seine unendliche Liebe. In seiner Gegenwart fühlst du dich beschützt und geborgen. Gib dich einfach deinen wunderbaren Gefühlen hin und genieße sie.

Nun erzähle dem Engel der Heilung von deinen gesundheitlichen oder seelischen Problemen. Teile es ihm mit, wenn du unter verletzten Gefühlen leidest, die dringend einer Heilung bedürfen. Sofern dich die Sorge um deine Lieben bedrückt, so sprich auch darüber mit deinem Engel. Er hört dir verständnisvoll und aufmerksam zu.

Während dich dein Engel liebevoll in den Armen hält, bittest du ihn, die nötige Heilung zu unterstützen. Bitte ihn, dir erkennen zu helfen, was deinem Bewusstsein fehlt, was du vielleicht nicht sehen oder akzeptieren willst. Nimm dir Zeit, um seine Antwort zu hören. Sei ganz offen. Alles, was du nun wahrnimmst, ist richtig und gut, seien es Gefühle, Erkenntnisse oder Bilder. Selbst Worte, die aus deinen eigenen Gedanken zu kommen scheinen, sind richtig. Werte sie nicht, denn sie alle sind Antworten, die dir dein Engel sendet. Lass sie einfach zu.

Bitte den Engel der Heilung um seine Liebe, seine Unterstützung, seine Heilkraft und Energie. Dann lass dich von ihm umarmen und von seiner liebevollen Heilenergie durchströmen. Ruh dich darin aus und spüre, wie sie dir Kraft schenkt und dich stärkt. Lass dir Zeit. Löse dich dann ganz langsam aus seiner Umarmung.

Dein Engel der Heilung nimmt dich nun bei deiner Hand und führt dich auf einen wunderschönen, leuchtend bunten Regenbogen zu. Wie eine große, ätherische Lichtbrücke erstreckt er sich vor dir.

Stell dir vor, wie du mit Hilfe deines Engels diesen Regenbogen betreten kannst. Begib dich in sein wunderbares Licht. Wähle dir eine Farbe aus und gehe in sie hinein. Es ist die Farbe, die du in diesem Moment zu deiner Heilung benötigst. Lass dich von diesem wunderbaren Farblicht umfangen. Du spürst seine angenehme Wirkung in deinem Körper. Stell dir vor, du könntest deinen Scheitel öffnen und das Licht von dort in deinen Kopf einfließen lassen. Während es tiefer durch deinen Hals in deine Schultern hineinsinkt, um sich weiter in deinem ganzen Oberkörper auszubreiten, spürst du seine wohltuende, heilende Energie. Jede Zelle deines Körpers wird erfüllt von dieser leuchtenden Heilfarbe. Dieses farbige Licht strömt durch deine Beine, bis in die Füße hinein. Von deinem Herzen fließt es durch deine Arme bis in deine Hände. Selbst dein Geist wird davon erfüllt. Er wird gestärkt, um durch diese wunderbare Kraft zur Heilung beitragen zu können. Nimm wahr, wie du all deine Energiespeicher mit diesem heilenden, farbigen Licht füllst. Verweile in diesem Farblicht solange du magst. Fühle, wie die Heilung einsetzt und voranschreitet.

Sofern du noch andere Farben benötigst, gehe weiter durch das Licht des Regenbogens. Suche dir die Farbe beziehungsweise die Farben aus, die dir Kraft und Heilung schenken können. Tritt in diese ein und lass dich auch von deren Energie stärken und heilen. Nimm dir auch hier all die Zeit, die du benötigst.

Erst, wenn du dich gestärkt fühlst, trittst du aus dem Lichtschleier des Regenbogens hinaus. Noch einmal lässt du dich liebevoll von deinem Engel der Heilung umarmen. Und so gehst du in seiner Begleitung zurück zu dem wunderschönen Ort, an dem dieser Ausflug begann.

Hier verabschiedest du dich von deinem Engel, nachdem du ihm für seine Hilfe und seine wohltuende Begleitung gedankt hast. Dann löst sich das Bild deines himmlischen Helfers langsam auf. Doch du weißt, er weilt immer in deiner Nähe, wartet nur darauf, dass du ihn um seine Hilfe bittest.

Wenn du dich nun noch einen Moment hier niedersetzt, spürst du in dich hinein. Du fühlst dich bereits ein wenig wohler und vertraust auf deine baldige Genesung. Horche noch einmal in dich hinein, ob es noch etwas zu erkennen gibt, das zu deiner Heilung beitragen kann.

Dann kommt der Augenblick, in dem du deinen Atem wahrnimmst. Du spürst deinen Körper wieder, atmest tief ein und öffnest langsam deine Augen.

Die Wandlung eines geliebten Menschen

Nicht immer sieht unser Lebensplan eine Heilung vor. Hin und wieder entschließt sich die Seele, ihr Lebensthema mit in eine neue Inkarnation zu nehmen und es dort mit neuer Kraft und Frische anzugehen.

Einem kosmischen Gesetz folgend, fließt alles im Rhythmus. Alles unterliegt dem Kommen und Gehen, dem Werden und Vergehen und somit einem ständigen Wandel. Diesem kosmischen Gesetz zur Folge beginnt unser Erdendasein mit der Geburt und endet unausweichlich mit dem Tod. Ein ewiges Erdenleben, die Unsterblichkeit, würde gegen dieses kosmische Gesetz verstoßen und alles ins Chaos stürzen. Da aber die kosmischen Gesetze unumstößlich sind, so ist auch das ewige Erdenleben völlig ausgeschlossen. Daran wird auch die Forschung niemals etwas ändern können!

Dies ist jedoch kein Grund zur Verzweiflung, denn dieses Gesetz spricht nicht von Anfang und Ende, sondern lediglich vom Rhythmus des Kommens und Gehens, vom Werden und Vergehen. Es bedeutet den ständigen Wandel und das ewige Fließen. Somit verdeutlicht es uns, dass auch das Sein der Seele im Rhythmus fließt und dem Wandel unterliegt. Durch den Wechsel ihrer Schwingung begibt sie sich in die Materie hinein und wieder hinaus. Mit der Geburt, dem Herabsetzen ihrer Schwingung also, tritt die Seele in das Erdendasein ein; durch den Tod, die Erhöhung ihrer Schwingung, verlässt sie es wieder. So, wie das Meer dem stetigen Wechsel von Ebbe und Flut folgt, so folgt auch das Sein der Seele dem stetigen Wechsel von Kommen und Gehen, von Geburt und Tod.

Wir können uns dem Rhythmus nicht entziehen und müssen also akzeptieren, dass wir alle früher oder später dieses Leben verlassen werden, indem sich unsere Seele von unserem Körper trennen wird, der ihr auf Erden als Heim diente, um mit dessen Hilfe empfinden und wahrnehmen zu können. Während die Seele den Wandel aus der Materie in die befreiende Weite des Seins vollzieht, wird sich auch der physische Körper der Wandlung unterziehen. Er wird sich nach und nach wieder in seine physikalischen Elemente trennen, um in anderer Form fortzubestehen. Die Seele, welche reine Energie ist, wird nach einer „Ruhephase“ erfrischt und gestärkt in einen neuen Körper eintreten, um sich im nächsten Leben neuen Aufgaben und Abenteuern zu stellen.

Auch, wenn wir mit Hilfe dieses Wissens hoffnungsvoll und zuversichtlich darauf vertrauen können, dass mit dem Tod nicht alles endet und die Seelen nicht verloren gehen, so ist doch jeder Tod zunächst ein Abschied, der uns das Herz erschwert. Wissen wir doch, dass uns der geliebte Mensch hier auf Erden nicht weiter in der gewohnten Weise begleiten wird.

Der Abschied von einem lieben Menschen bereitet uns oft Sorgen und Schmerzen. Manchmal kommt der Tod plötzlich und wir haben keine Möglichkeit, uns zu verabschieden. Wie gerne hätten wir dem Verstorbenen noch etwas gesagt, ihm unsere Hilfe oder wenigstens unsere Nähe geschenkt! Auf einmal sind wir allein und es ist leer um uns herum. Wir sind gefangen im Abschiedsschmerz und fragen uns, wie es dem lieben Menschen in seiner letzten Stunde ergangen ist, ob er gelitten hat, ob er uns vermisst hat. All diese Fragen, auf die wir wohl keine Antwort bekommen werden, können uns quälen und erschweren uns den Verlust. Selbst, wenn wir genügend Zeit haben, um uns auf dieses Ereignis vorzubereiten, sorgen wir uns darum, dass der Sterbende leiden könne, und fragen uns besorgt, ob er einen schweren Kampf auszufechten hat, bevor er seine Ruhe findet. In den Zeiten eines Wandels brauchen alle Beteiligten sehr viel Kraft, sowohl der Scheidende als auch die Zurückbleibenden.

Dem Engel der Wandlung, bekannter wohl als Todesengel, ist eine bedeutende Aufgabe übertragen. Seine Bestimmung ist es, der sich wandelnden Seele beizustehen, den Sterbenden auf seinen Übergang vorzubereiten, ihn abzuholen und ihn ins Licht hinüberzubegleiten. Schon Stunden, manchmal auch Tage vor dem eigentlichen Übergang ist er dem Sterbenden nahe und bereitet ihn behutsam auf diesen besonderen Augenblick vor. Durch seine liebevolle Energie trägt er dazu bei, ihm nach Möglichkeit den Übergang auf die andere Seite des Seins zu erleichtern. Er reicht dem Sterbenden die Hand und führt die Seele ins Licht, wo sie von den vorausgegangenen Freunden und Angehörigen sehnsüchtig und mit Freude erwartet und empfangen wird.

Es ist nicht ungewöhnlich oder gar verwerflich, wenn du in dir zunächst Unbehagen oder gar eine Abneigung diesem Engel gegenüber verspürst. Muss er dir doch den lieben Menschen von deiner Seite nehmen. Viele Menschen wünschen sich daher, ihm niemals zu begegnen. Doch auch er ist ein ganz besonders lieber und verständnisvoller Engel, dem du dich öffnen und anvertrauen darfst. Versuche die Notwendigkeit seiner Aufgabe zu erkennen. Dank seiner Hilfe ist der Sterbende nicht allein, selbst wenn der Tod plötzlich kommt. Voller Liebe, Verständnis und Zuneigung steht er dem Sterbenden bei, ermutigt ihn und hilft ihm im entscheidenden Moment des Übergangs, den Körper zu verlassen.

Obwohl es die vorrangige Aufgabe des Engels der Wandlung ist, dem Sterbenden beizustehen, unterstützt er doch auch gern die Verbleibenden. Daher kannst du dich jederzeit vertrauensvoll an ihn wenden. Du kannst ihn für die Seele deiner Lieben um Hilfe bitten. Wenn es dir wichtig ist, so frage ihn, ob wirklich schon die Zeit des Abschieds gekommen ist oder ob euch noch ein wenig Zeit verbleibt, die ihr gemeinsam genießen oder nutzen könnt, um noch etwas dir wichtig Erscheinendes zu klären. Der Engel der Wandlung ist sehr verständnisvoll. Sofern es in seiner Macht steht und dem Wohle aller dient, ist er unter Umständen dazu bereit, den Zeitpunkt der Wandlung ein wenig hinauszuschieben. Du kannst dich auch dem Engel der Wandlung anvertrauen und ihn um einen leichten und möglichst schmerzlosen Übergang für den Sterbenden bitten. Bitte den Engel der Wandlung, dem Sterbenden zu helfen, sich von der Erde und den Zurückbleibenden zu lösen, so dass er in Freude hinübergehen kann, in das Reich der Ruhe und des Friedens, in dem sich die Seele ausruhen kann.

Doch bitte den Engel der Wandlung, auch dir beizustehen.

Sofern es dir selbst nicht mehr möglich ist, kannst du den Engel der Wandlung bitten, dem Sterbenden noch eine Nachricht, ein paar liebe Worte oder einen Abschiedsgruß zu übermitteln. Er wird deine Gedanken zu dem Heimgehenden hinübertragen, selbst wenn dieser bereits die Schwelle zum Jenseits überschritten hat.

Bitte den Engel der Wandlung, dir die Kraft zum Loslassen zu schenken, dich zu stärken, damit du den Verlust tragen kannst. Bitte ihn, dir seinen Trost und die Hoffnung auf ein Wiedersehen in der anderen Welt zu schenken.

So schwer dir der Abschied auch fallen mag und auch, wenn Trauer und Schmerz dein Herz zu zerreißen drohen, so halte den Dahinscheidenden nicht zurück, lass ihn los und mach ihm keinesfalls Vorwürfe, er lasse dich nun allein. All diese Reaktionen würden es der Seele erschweren oder gar verhindern, ins Licht und somit in den Frieden gehen zu können. Der Übergang entspricht dem Gesetz des Rhythmus. Er ist ein unabänderliches Muss. Dem Gehen folgt das Kommen, so will es das kosmische Gesetz. Die Seele und das Sein befinden sich im ständigen Fluss. In der Ewigkeit ist alles eins. Alle Seelen werden dort wieder vereint sein.

Sei nicht traurig, wenn der Sterbende gerade in dem Moment geht, in dem du ihn gerade nur für einen Augenblick verlassen hast. Vielen Heimgehenden fällt der Übergang leichter, wenn sie allein sind. Da sie oft nicht mehr die Kraft haben, den Schmerz ihrer Lieben zu ertragen, warten sie oft geduldig auf einen solchen Moment. Mach dir daher vor allem keine Vorwürfe, wenn du gerade zum Zeitpunkt des Übergangs nicht im Zimmer warst, weil du vielleicht eine Tasse Kaffee trinken wolltest. Lass dir versichern: Er war nicht allein. Der Engel der Wandlung war an seiner Seite und half ihm auf seinem Weg ins Licht.

Meditation: Engel der Wandlung I

Stell dir vor, du befindest dich in einem ruhigen, kleinen Tal. Um dich herum ragen majestätisch die Berge mit ihren schneebedeckten Gipfeln in die Höhe. Es ist ein sonniger Sommertag und du fühlst dich frisch und entspannt, auch wenn dein Herz schwer ist, erfüllt von der Trauer um einen lieben Menschen und der Sorge darum, dass er dich bald verlassen wird, um den Weg in eine andere Welt, jenseits der dir vertrauten, anzutreten.

Lass dich von der Zuversicht leiten und gehe über den schmalen Bergpfad, der vor dir liegt. Ganz sanft führt er dich bergan, durch einen stillen und friedlichen Wald, vorbei an einem kleinen Gebirgsbach, der plätschernd ins Tal fließt, und über eine saftige, grüne Wiese, auf der herrliche, bunte Gebirgsblumen blühen.

Du genießt diese Umgebung, ziehst jeden Atemzug der frischen, klaren Bergluft bewusst in dich hinein. Sei dir ganz deines Daseins bewusst. Nimm jede Sekunde deines Lebens zum Anlass, dein Sein und deine Umwelt zu genießen. Erkenne den Wert deines Daseins. Halte einen Moment inne, um einen stillen Dank für die Vielfalt deines Daseins auszusprechen.

Dann setze deinen Weg fort. Immer höher erklimmst du den Berg. Hin und wieder hältst du an, um deinen Blick hinunter in das Tal zu richten, das dort unten ruht.

Nach einer Weile erreichst du eine kleine Bergkapelle. Friedlich erwartet sie dich. Ihre Tür ist einladend für dich geöffnet. Langsam betrittst du diesen Ort der Stille. Genieße die Ruhe. Öffne dein Herz für den Frieden. Verweile einen Moment in dieser Stille und gib dich ganz deinen Gefühlen hin.

Nun bemerkst du, dass du nicht allein in diesem Raum bist. Sieh, wie sich dir ein wunderschöner Engel in einem strahlend weißen Gewand nähert. Seine Liebe berührt sanft dein Herz und du spürst, wie dieser Engel dir Kraft und Trost spendet.

Jetzt steht er neben dir und umfängt dich mit seiner liebevollen und beruhigenden Schwingung. Er breitet tröstend seine

Arme um dich und schenkt dir so Geborgenheit. Mit sanfter Stimme begrüßt er dich leise und stellt sich dir als Engel der Wandlung vor. Er ist jener Engel, dem es erlaubt ist, die Seelen auf ihrem Weg in ein anderes Sein, auf dem Weg heim ins Licht, zu begleiten.

Du weißt, du brauchst dich vor diesem Engel nicht zu fürchten, denn er ist ein liebe- und verständnisvoller Helfer, der jedem Wesen in seiner letzten Stunde beisteht und niemanden in diesem wichtigen Moment alleinlässt. Bemerke, wie du von seiner unendlichen Liebe und einem grenzenlosen Vertrauen erfüllt wirst.

Der Engel der Wandlung weist dich ganz sanft darauf hin, dass der Wechsel vom Leben in das Jenseits ein sehr wichtiger Schritt für jede Seele sei, der aber das Dasein keinesfalls beende, sondern dieses auf der anderen Seite fortbestehen lasse. Die Seele werde zu einem Ort des Friedens und der Ruhe geleitet, an dem sie Kraft sammeln und regenerieren könne. Der Engel erklärt dir, dass dies ein Ort der Freude und des Lichts sei, an dem bereits die dem Heimkommenden vorausgegangenen Seelen voller Freude auf den Neuankömmling warteten.

Berichte dem Engel der Wandlung von deiner Trauer und deiner Sorge, die dein Herz belasten. Wenn du magst, wende dich mit der Frage an ihn, ob wirklich schon die Zeit des Abschieds gekommen sei oder ob es noch eine Möglichkeit des Aufschubs gebe. Vielleicht ist es dem Engel der Wandlung erlaubt, dir eine Antwort auf deine Fragen zu geben.

Vertraue dich ihm an. Teile ihm alles mit, was dich bedrückt. Erzähle ihm, was dich mit dem lieben Menschen verbindet, wovor du dich ängstigst und was du dir wünschst. Auch, wenn dein Herz schwer ist, spürst du doch die Liebe und den Trost, den dir der Engel der Wandlung spendet.

Nutze die Möglichkeit, ihn ebenfalls um einen leichten Übergang für den geliebten Menschen zu bitten. Auch darum, dir in der Zeit des Abschieds und des Schmerzes beizustehen, dir Trost und Liebe sowie Hoffnung und Zuversicht zu schenken.

Du hast jetzt all die Zeit, die du brauchst, um dem Engel der

Wandlung anzuvertrauen, was dir wichtig ist, ihm all die Fragen zu stellen, die dich quälen. Spüre dabei seine beruhigende Nähe und seine Liebe. Vielleicht möchtest du ihn auch bitten, dem Scheidenden noch eine Nachricht, ein paar liebe Worte von dir zu überbringen. Er wird deine Botschaft gern ausrichten.

Dann sei bereit loszulassen. Fühle, wie dein Herz ein wenig leichter wird. Auch, wenn du voller Trauer angesichts des bevorstehenden Abschieds bist, so spürst du doch auch die Zuversicht und den Frieden in dir. Vielleicht entstehen in dir die Worte, mit denen du der geliebten Person den Übergang erleichtern kannst, sie vielleicht sogar ermutigen kannst, diesen Schritt ins Licht voller Vertrauen zu gehen. Wenn du magst, so nimm dir nun vor, dem geliebten Menschen zur Ermutigung von deiner Begegnung mit dem Engel der Wandlung, den du heute kennenlernen durftest, zu erzählen. Sei bereit dich im entscheidenden Moment von dem Sterbenden mit der Freude auf ein Wiedersehen zu verabschieden.

Danke nun dem Engel der Wandlung für diese Begegnung. Erzähle ihm, wie sehr diese Begegnung dein Herz erleichtert hat. Dann verabschiedest du dich von ihm. Sieh, wie sein Bild allmählich verblasst und er ganz langsam deinem Blick entschwindet.

Nun sitzt du allein in der kleinen Kapelle, an dem Ort der Stille und des Friedens. Ja, auch in deinem Herzen kehren nun Frieden und Stille ein, und du bist nun bereit, diesen Ort zu verlassen. Tritt hinaus auf den Bergpfad, der dich zurück ins Tal führen wird. Nimm wieder ganz bewusst und voller Dankbarkeit deine Umgebung und dein Sein wahr. Sei bereit, jeden deiner Atemzüge zu genießen und das Leben in all seinen Formen anzunehmen.

So kommst du zurück in das Tal. Obwohl dich der bevorstehende Abschied traurig macht, nimmst du dir vor, die verbleibende Zeit mit dem geliebten Menschen zu genießen. Gestärkt durch die Kraft des Engels der Wandlung, die dir Trost und Zuversicht gibt, bist du bereit für all das, was da kommen mag.

Lass dich nun ganz sanft von deinem Atem wecken. Nimm

deinen Körper wieder wahr. Wenn für dich der richtige Augenblick gekommen ist, atme tief ein und öffne langsam deine Augen. Komm zurück in Raum und Zeit.

Die eigene Wandlung

Jede Seele und somit jeder Mensch unterliegt dem Wandel, dem Rhythmus von Kommen und Gehen. Auch du und ich. Darum wird auch für uns der Augenblick kommen, in dem wir die Schwelle zum Jenseits übertreten müssen.

Dieser Gedanke mag dir nicht behagen. Solange er dich ängstigt, möchtest du ihn verdrängen, ihn möglichst unter den Teppich kehren, ganz nach dem Motto: aus den Augen, aus dem Sinn. Doch so, wie ein Kind nicht verschwindet, wenn es sich die Hände vors Gesicht hält und glaubt, es sei nun nicht mehr zu sehen, so bleibt doch auch die Notwendigkeit unseres Wandels bestehen.

Solange wir etwas nicht kennen, kann es uns Angst und Schrecken bereiten. Doch, wenn wir uns mit der Sache auseinandersetzen und die Zusammenhänge und Hintergründe verstehen, verlieren wir oft die Furcht. Aus diesem Grund möchte ich dich ermutigen, deine Hemmungen zu überwinden und dich mit deiner Wandlung vertraut zu machen. Mach dir den ganz natürlichen Rhythmus bewusst und verliere mehr und mehr die Angst vor diesem überaus natürlichen Ereignis. Wenn du dich auf diesen besonderen Moment vorbereitest, weißt, dass Licht und Liebe dich umfangen werden und du liebevoll von deinen Vorausgegangenen empfangen wirst, kannst du dich vielleicht sogar auf dieses Ereignis freuen.

Der Engel der Wandlung, der dich einst über die Schwelle ins Licht führen wird, ist schon jetzt bereit, mit dir in Verbindung zu treten. Auch, wenn deine Zeit noch lange nicht gekommen ist, so kannst du ihn bereits jetzt kennenlernen und in aller Ruhe mit ihm kommunizieren, um deine Ängste und Bedenken in Zuversicht und Vertrauen umzuwandeln. Es mag dir fremd erscheinen, dich in Zeiten völliger Gesundheit mit dem Tod zu befassen. Doch sind Planung und Vorsorge nicht gerade in unserer Gesellschaft üblich? Schließen nicht viele unserer Mitmenschen Versicherungen ab, um im Ernstfall nicht hilflos dazustehen? Warum sollten wir in einem der wichtigsten Momente unseres Daseins, dem Übergang, unvorbereitet sein, wo doch so vieles bereits jetzt besprochen werden kann?

Nutze doch die Gelegenheit zu einer Begegnung mit dem Engel der Wandlung, um ihn kennenzulernen und dich mit ihm vertraut zu machen. Sicherlich ist es angenehm, im entscheidenden Moment von einem bereits vertrauten Engel begleitet zu werden. Zudem gibt es so vieles, worüber du schon heute mit ihm reden kannst, was du ihn fragen oder worum du ihn bitten kannst. Lass dir von ihm all das erzählen, was du über den Wandel wissen möchtest, um deine Angst vor diesem Moment zu verlieren. Er kann dir sagen, was und wer dich auf der anderen Seite erwarten wird. Weißt du, dass dich einige Seelen der Menschen, welche dir in deinem Leben sehr wichtig und lieb waren und dir bereits vorausgegangen sind, auf der anderen Seite freudig erwarten?

Wenn es dir wichtig ist, kannst du den Engel der Wandlung bitten, dir frühzeitig vor deinem Übergang ein Zeichen zu geben, sodass du bei Bedarf noch unerledigte Dinge klären oder doch noch die aufgeschobene Versöhnung herbeiführen kannst. Du kannst den Engel der Wandlung bitten, den dir Nahestehenden ebenfalls ein Zeichen zu senden, damit ihr euch unter Umständen noch voneinander verabschieden könnt.

Wie bei allen zu erwartenden Notwendigkeiten ist es auch im Hinblick auf den Wandel ratsam, sich frühzeitig und in Ruhe mit dem Bevorstehenden auseinanderzusetzen. Wenn du die wichtigsten Dinge frühzeitig klärst, wirst du noch genügend Zeit für noch auftretende Fragen haben.

Zur nachstehenden Meditation wurde ich durch die Frage einer Freundin ermutigt, welches kleine Geschenk man wohl einem Heimkehrenden bei einem letzten Besuch mit an sein

Sterbebett bringen könne. Sofern du vertrauensvoll und offen mit dem Sterbenden über das bevorstehende Ereignis sprechen kannst, könnte diese Meditation zu einem wunderschönen Abschiedsgeschenk für ihn werden. Lies ihm die folgende Meditation in aller Ruhe vor, lass ihm genügend Zeit und sei dankbar für die Chance, ihm den Übergang ein wenig zu erleichtern und ihn in seiner schweren Stunde zu unterstützen. Auf diese Weise darfst du einem ganz besonderen Ereignis beiwohnen.

Vielleicht ist es auch dein Wunsch, wenn einmal für dich die Zeit zur Heimkehr gekommen ist, dass ein lieber Mensch dich auf diese Weise zu deinem Engel der Wandlung führt. Auch, wenn das Anliegen ein wenig ungewöhnlich erscheint, so ist es doch sinnvoll, es frühzeitig mit der betreffenden Person abzusprechen.

Meditation: Engel der Wandlung II

Begib dich in deiner Vorstellung an den Ort, der dir in deinem Leben als schönster Platz in deiner Erinnerung geblieben ist. Lass diesen Ort ganz aus der Tiefe deiner Erinnerung aufsteigen. Schau dich um: Alles ist so, wie es dir vertraut ist und wie du es magst. Du nimmst diesen Ort mit all deinen Sinnen wahr, siehst die wundervolle Umgebung, spürst das Klima, hörst die für diesen Ort typischen Klänge und Geräusche, riechst seinen Duft. Nimm dir dafür all die Zeit, die du benötigst.

Genieße diese Erinnerung, während du ganz ruhig atmest und dich mehr und mehr entspannst. Du fühlst in dir Dankbarkeit und Freude darüber aufsteigen, dass du diesen Ort kennenlernen durftest und heute mit der Kraft deiner Gedanken noch einmal dort verweilen darfst. Nimm wahr, wie Ruhe und Frieden in dich einkehren.

Schau jetzt zurück auf dein Leben, auf die zahlreichen schönen Ereignisse und auf die vielen lieben Menschen, die dich auf deinem Lebensweg begleiten durften. Du bist müde geworden, hast dein Ziel erreicht. Blicke dankbar und ruhig auf das Vergangene, mit dem Wissen, dass alles, was dir in deinem Leben widerfahren ist, all dein Handeln und Denken, deinem Lebensplan entsprach. Viele Erfahrungen durftest du sammeln, freudvolle wie schmerzhafte, liebevolle und lehrreiche. Heute weißt du, dass alles wichtig und nützlich war und den Schatz deiner Erfahrungen und Erkenntnisse noch wertvoller gemacht hat. Ganz gleich, was geschah, alles hatte seinen Sinn und war somit richtig und gut.

Du befindest dich nun auf einem Schiff, das dich aus dem bekannten Hafen hinaustragen wird, hinüber in eine andere Welt, ein anderes Sein. Dort werden dich Frieden und Ruhe umfangen. Du darfst dich schon jetzt auf ein Wiedersehen mit deinen Lieben freuen, die dir schon vorausgegangen sind und dich bereits freudig dort drüben erwarten, um dich in Liebe aufzunehmen.

Vielleicht erkennst du bereits dieses herrliche Licht, in dem dich voller Liebe der Engel der Wandlung erwartet. In einem weißen Gewand, vom Licht durchflutet, zeigt er sich dir. Zärtlich umarmt er dich und du fühlst, wie seine Liebe dich durchflutet, dich stärkt und dir den Mut und die nötige Kraft für deinen Übergang schenkt. Sanft lächelt er dir zu und du spürst, dass du dich ihm ganz anvertrauen kannst. In seinen starken Armen fühlst du dich vollkommen geborgen. Lass es zu, dass er dich liebevoll berührt, um deine Schmerzen zu lindern und dir Erleichterung zu schenken.

Höre seine sanfte Stimme zu dir sprechen. Der Engel der Wandlung erzählt dir von der anderen Seite des Seins, auf der dich all deine vorausgegangenen Lieben bereits in geduldiger Sehnsucht erwarten. Er erzählt dir von diesem Ort des Lichts und der Freude. Du darfst ihn gern unterbrechen, wenn du ihn um genauere Informationen und Hinweise zu diesem wundervollen Reich bitten möchtest.

Wende dich ruhig vertrauensvoll an deinen Engel der Wandlung, wenn du noch Fragen, Ängste oder Sorgen hast. Öffne ihm dein Herz und lass dich durch seine Worte, die du vielleicht wie deine eigenen Gedanken empfängst, trösten und ermutigen. Spüre dabei seine grenzenlose Liebe und die wunderbare Geborgenheit, die er dir schenkt.

Vielleicht möchtest du den Engel der Wandlung bitten, deinen Lieben, die du hier auf der Erde zurücklässt, noch eine Nachricht zu übermitteln oder ihnen Trost zu schenken. Lass dir Zeit.

Möchtest du jetzt noch einmal Kontakt zu einem lieben Menschen aufnehmen, um dich von ihm zu verabschieden? Du brauchst nur ganz fest an ihn zu denken. So wird er deinen Ruf empfangen. Nutze diese Gelegenheit, ihm durch deine Gedanken all das zu sagen, was dir noch wichtig erscheint. Wenn du magst, sprich ihm den Mut zu, dich loszulassen, deine Seele freizugeben für den bevorstehenden, wundervollen Übergang. Nimm dir all die Zeit, die du dazu brauchst.

Und dann verabschiede dich von diesem lieben Menschen.

Bitte jetzt den Engel der Wandlung, dir deinen Übergang in das jenseitige Reich zu erleichtern und dich auf deinem Weg zu begleiten.

Wenn in diesem Moment der Zeitpunkt gekommen ist, dich von dieser Welt zu lösen, wird dir der Engel der Wandlung voller Freude dabei behilflich sein und dich auf deiner bevorstehenden Reise begleiten. Liebevoll wird er deine Hand nehmen und dich in das wundervolle Licht der Erlösung und Befreiung führen. Vertraue dich seiner Führung an.

Solltest du jetzt bereit sein, deine Reise anzutreten und hinüber ins Licht zu gehen, so ergreife voller Zuversicht die dir dargebotene liebevolle Hand deines Engels. Spüre noch einmal seine Liebe und Geborgenheit und lass dich vom Klang der Glocken und dem Gesang der Engel hinübergleiten. Gute Reise! Gehe hin, in Ruhe und Frieden.

Sofern deine Zeit noch nicht gekommen ist, so ruhe dich nun aus und bereite dich voll freudiger Erwartung auf deinen Übergang vor. Versuche, die verbleibende Zeit zu genießen und dich in Ruhe von deinen Lieben zu verabschieden.

Trauer

Auch, wenn du dich mit dem Wandel vertraut gemacht hast und weißt, dass es sich dabei lediglich um einen ganz natürlichen Rhythmus handelt, der nicht das Ende, sondern den Beginn einer neuen Phase anzeigt, so ist es doch ganz natürlich, dass dich der Abschied eines lieben Menschen mit Trauer erfüllt.

Jeder Abschied bedeutet auch für die Hinterbliebenen eine Veränderung und oft auch einen Neubeginn. Er macht es erforderlich, das eigene Leben neu zu regeln und zu gestalten. Je näher du dem Verstorbenen gestanden und je mehr Zeit du mit ihm verbracht hast, umso größer wird die Lücke und damit die Veränderung für dich werden, besonders, wenn es sich um einen Partner oder Familienangehörigen handelt.

Doch nicht allein der Tod eines lieben Menschen macht unser Herz schwer und erfüllt es mit Schmerz und Trauer. Es gibt viele Anlässe, die uns trauern lassen. Manchmal sind es nur Stimmungen und Gefühle, die uns plagen und unser Herz belasten. Aber auch Enttäuschungen und Verluste sowie Trennungen und Abschiede - mögen sie auch nur vorübergehend sein - belasten uns und drücken auf unser Gemüt, sofern uns die Personen nahestehen.

Obwohl unser Verstand uns zu beruhigen versucht und wir uns selbst die Notwendigkeit oder Unabänderlichkeit der Situation verdeutlichen können, ist es oft unvermeidbar und zudem sinnvoll, den Schmerz in unseren Herzen zu spüren und durch die Trauer hindurchzugehen. Es ist wichtig, diese Trauer zuzulassen. Einerseits zeigt sie uns, wie bedeutend die Person oder Angelegenheit für uns war, andererseits führt die Verdrängung der Trauer zu einem Gefühlsstau, der uns möglicherweise erkranken lässt. Auch die Trauer hat ihren Platz in unserem Leben. Sie ist ein Pol in der Dualität, den es, wie auch jeden anderen Pol, anzunehmen und in unser Bewusstsein zu integrieren gilt.

Darüber hinaus kann die eigene Trauer uns Verständnis und Mitgefühl für unsere Mitmenschen lehren. Sie kann unser Herz auch für die Nöte anderer öffnen und uns befähigen, mit unseren

Mitmenschen zu fühlen, ihnen beizustehen und Trost zu spenden. Die eigene Trauer kann so zu einer Schule der Menschlichkeit und des Miteinanders werden. Sie schenkt uns wertvolle Erfahrungen und Erkenntnisse, die unsere Seele bereichern, und ist wohl aus kaum einem Lebensplan wegzudenken.

Die Trauer und ihr Gegenpol, die Freude, unterliegen, wie alles in unserem Universum, dem Rhythmus. So ist es dringend notwendig, nach der Trauerzeit wieder die Sonnenseiten des Lebens zu erkennen, zu lachen und sich am Leben zu erfreuen. Nimm dir für deine Trauer die angemessene Zeit, erlebe sie und mache deine Erfahrungen mit ihr und durch sie. Doch sei auch dazu bereit, aus dem Tal deiner Gefühle zurück in den Alltag zu kehren. Bleibe nicht in diesem „Loch“ stecken. Dies würde niemandem helfen und dir selbst am wenigsten. Das Leben geht weiter und es gilt, sich diesem zu stellen.

Bevor du jedoch wieder am normalen Alltag teilnimmst, gönne dir ausreichend Zeit, um deiner Trauer Raum zu lassen und sie zu leben. Wie lange und in welcher Form du trauerst, bleibt ganz allein dir überlassen. Du brauchst dich dabei an keinen Ritualen zu orientieren. Wichtig ist allein dein Empfinden. Es mag jedoch hilfreich, tröstend und angenehm sein, deine Trauer mit Hilfe der Engel zu bewältigen.

Nicht immer möchten wir während unserer Trauer Erklärungen oder Hinweise auf die Notwendigkeit des Geschehens hören. Was unser Herz ersehnt, sind oft einzig und allein Verständnis, Mitgefühl, Liebe und Geborgenheit. Es möchte dann seine momentane Schwäche zeigen dürfen und liebevoll umsorgt werden. All dies erlaubt uns der Engel der Trauer. Wir dürfen uns liebevoll an ihn wenden, uns bei ihm anlehnen und völlig ungeniert und hemmungslos unsere Tränen fließen lassen. Er ist uns ein verständnisvoller Zuhörer, der unser Leid ernst nimmt und uns versteht. Auch, wenn keiner unserer Mitmenschen Verständnis für unseren Schmerz aufbringt, weil er ihnen nichtig und gar lächerlich erscheint, spendet uns dieser Engel Trost und Verständnis.

Der Schmerz, den wir erleiden und den es zu verarbeiten gilt, ist für uns persönlich wichtig. Jeder Mensch ist einzigartig, ein Individuum. Somit empfindet auch jeder einzigartig. Niemand darf über die Berechtigung oder das Ausmaß unseres Schmerzes urteilen. Der Engel der Trauer weiß um deinen Schmerz. Er hat für jede deiner Empfindungen Verständnis und wird dich in jeder Situation zu trösten suchen, ganz gleich, ob du um den Tod deines liebsten Menschen trauerst, den Verlust deines Lieblingsschals beklagst oder einer verpassten Chance nachweinst.

Der Engel der Trauer ist immer für dich da, ganz gleich, wann und wie oft du ihn brauchst. Mancher Schmerz braucht eine lange Zeit um zu verheilen, daher ist es unter Umständen hilfreich, dich häufiger dem Engel der Trauer anzuvertrauen. Jedes Mal wird er für dich da sein und dir Trost spenden. Wenn auch der Schmerz nicht gleich vergeht, so wird er doch allmählich kleiner, bis du wieder lachen und dich am Leben erfreuen kannst.

Meditation: Engel der Trauer

Stell dir vor, du stehst an einem Meeresstrand. Der Wind treibt graue Wolken über den Himmel, während mächtige Wellen tosend dem Ufer entgegenstreben, um sich kraftvoll über den gelben Sand zu ergießen. Die mageren Halme des Strandgrases kämpfen mühsam im Wind um ihren Halt auf den hohen Sanddünen.

Übermütig spielt der Wind auch mit deinen Haaren. Doch dein Körper ist angenehm warm und wird es auch bleiben. Nun gehst du diesen Strand entlang. Dabei spürst du in dich hinein, um dir deiner Gefühle und deiner Stimmung bewusst zu werden. Möglicherweise gleichen sie dem schwermütigen Bild deiner Umgebung und machen dir deine Trauer bewusst. Lass dir Zeit. Lass deine Gefühle zu.

Nach einer Weile lässt du deinen Blick über die raue See gleiten. Ein schwaches Licht weckt deine Aufmerksamkeit. Es kommt über das brausende Meer direkt auf dich zu. Du bleibst stehen und blickst ihm erwartungsvoll entgegen. Das Licht kommt näher und während es intensiver und leuchtender wird, erkennst du in ihm ein wunderschönes Engelwesen. Schließlich stehst du dem Engel der Trauer gegenüber. Er ist gekommen um dir beizustehen, dich zu trösten und zu unterstützen.

Lass dich von seiner Liebe umfangen und erwidere seinen leisen Gruß. Du bemerkst seine beruhigende Gegenwart, seine Liebe und Wärme, während er dich still in seinen starken Armen hält. Genieße seine wohltuende Umarmung und verweile in ihr, solange du magst. In ihr scheinen sich Raum und Zeit aufzulösen. Du verspürst einzig das Gefühl dieser wunderbaren Geborgenheit.

Dann öffne dem Engel der Trauer dein Herz. Berichte ihm von deinem Verlust oder dem Schmerz, der dich gefangen hält. Erzähle ihm, was geschehen ist. Auch, wenn es dir schwerfällt, die richtigen Worte zu finden, so versteht der Engel der Trauer doch auch in der Stille deinen Kummer.

Verständnisvoll hört er dir zu, während er dir beruhigend über deinen Rücken streichelt und dich seine Schwingungen des Trostes erreichen. Mit verständnisvoller Stimme erklärt er dir, wie wichtig es sei, deine Trauer zu durchleben. Sie gehöre zu deinem Dasein, ebenso wie die Freude. Daher erlaube dir jetzt zu trauern, lass deine Tränen fließen. Verschaff dir Erleichterung, indem du schluchzt und seufzt. Selbst, wenn du dabei tiefen Schmerz empfindest, spürst du doch, wie gut es dir tut, trauern zu dürfen. Fühle, wie dein Herz dadurch ganz allmählich leichter wird.

Die ganze Zeit über hält dich der Engel der Trauer in seinen Armen. Er steht dir beruhigend bei, schenkt dir schweigend seinen Trost und unterstützt dich mit seiner lieben und kraftschenkenden Energie. Du bist dir seiner Gegenwart vollkommen bewusst, bist dankbar dafür, ein verständnisvolles Wesen an deiner Seite zu wissen, an dessen Schulter du weinen und trauern darfst und das dir den nötigen Halt gibt und dich unterstützt. Nimm dir daher jetzt all die Zeit, die du brauchst, um deine Trauer zu durchleben.

Die Wellen deiner Trauer werden allmählich ruhiger. Sanft

lässt du dir von deinem Engel die Tränen trocknen. Ganz langsam wird dein Schluchzen leiser und du atmest ganz ruhig und gleichmäßig ein und aus. Du fühlst dich ein wenig leichter, auch wenn hin und wieder noch eine Träne über deine Wange rinnt.

Der Engel der Trauer weist dich nun liebevoll darauf hin, dass alles seine Zeit braucht. Auch der Schmerz und die Trauer benötigen ihre Zeit, um zu heilen. Es ist gut und richtig zu trauern. Nur, wer das Leid kennt, kann auch die Freuden des Lebens aus tiefstem Herzen genießen.

Wenn du dich jetzt stark genug fühlst und es dein Wunsch ist, so erzähle dem Engel der Trauer von all dem Schönen, das dir durch diese traurige Begebenheit, durch deinen Verlust, verloren scheint. Erinnere dich voll Freude an die schöne Zeit.

Der Engel hat tröstende und ermunternde Worte für dich. Er weiß, dass auch für dich die Sonne wieder scheinen wird und der Zeitpunkt der Freude und Liebe zurückkehren wird, wenn du deine Trauer durchlebt hast. Vielleicht mag bis dahin noch etwas Zeit vergehen. Eventuell wird es notwendig sein, deinem Engel der Trauer noch ein oder mehrere Male zu begegnen. Doch mit jedem Mal wird dein Schmerz ein wenig erträglicher und dein Herz etwas leichter.

Wenn du dich jetzt besser fühlst, so danke deinem Engel der Trauer für die heutige Begegnung und für seine Hilfe. Danke ihm für seinen Trost und die Hoffnung, mit der du deiner Zukunft entgegensehen darfst. Verabschiede dich dann von ihm und sieh, wie er sich in seinem Licht ganz allmählich zurückzieht, um in der Ferne deinem Blick zu entschwinden.

Falls deine Trauer dich noch zu sehr gefangen hält, kannst du deinen Engel aber auch bitten, dich in deinem Alltag zu begleiten und dir weiterhin liebevoll und helfend zur Seite zu stehen. Nimm in diesem Fall wahr, wie seine Energie in dich hineinströmt, wie du dich nun mit ihm verbindest.

Dann sieh dich wieder am Strand stehen. Der Wind hat sich nun gelegt. Die Wogen des Meeres haben sich geglättet. Die Wolken sind weitergezogen und so ist es der Sonne möglich, ihre Strahlen zu dir herabzusenden. Sie schenkt dir Hoffnung und Zuversicht und du fühlst, dass sie gerade jetzt besonders intensiv für dich scheint.

Genieße es, noch ein wenig am Meer entlangzuwandern, seinem beruhigenden Wellenschlag zuzuhören und seine Kraft zu erahnen. Werde dir bewusst, dass es auch in dir ruhiger geworden ist. Du bist nun entspannt und atmest ganz gleichmäßig.

Und so kehre zu deinem gewählten Zeitpunkt in deinen Alltag, in das Hier und Jetzt zurück. Dabei atmest du ganz gleichmäßig und nimmst deinen ausgeruhten Körper wieder wahr. Mit einem tiefen Atemzug öffnest du ganz langsam deine Augen.

Wir alle sind Engel

Hat dir schon einmal jemand gesagt, du seist ein Engel? Vielleicht einfach, weil du dieser Person einen kleinen Dienst erwiesen, ihm die Idee zur Lösung seines Problems geliefert oder ihm einfach deine Liebe geschenkt hast? Weißt du, wie recht er hatte? Wir sind wirklich alle Engel. Um fliegen zu können, müssen wir uns umarmen.

Ganz abgesehen davon, dass wir derselben göttlichen Urquelle entstammen, die auch Ursprung der Engelkraft ist, welche sich lediglich durch die veränderte Schwingung von unserer Energie unterscheidet, vermögen wir uns auch auf Erden unserer himmlischen Fähigkeiten zu erinnern und so als Engel unseren Mitmenschen zu helfen. Die Liebe ist es, die uns dies vorrangig ermöglicht. Sie ist die höchste Schwingung, auf die wir unsere Energie auf Erden anheben können. Wie wir schon zuvor gehört haben, hat sie sogar die Kraft, Schmerzen zu lindern und die Wunden der Herzen zu heilen. Sie schenkt neuen Mut und gibt dem Leben einen Sinn.

Nicht immer ist es nötig, unsere himmlischen Helfer anzurufen und um deren Beistand zu bitten. In jedem von uns schlummert ein irdischer Engel, der auf seine Art in der Lage ist, manch himmlische Leistung zu vollbringen. Oft ist es nur ein Wort oder eine kleine Geste, die unsere Mitmenschen glücklich und froh macht. Wenn wir unsere Augen und Ohren öffnen, können wir schnell erkennen, wo wir helfen und unterstützen können. Oft finden wir bereits in der eigenen Familie oder auch in der Nachbarschaft einen Menschen, der sehnsüchtig auf uns wartet und dankbar unsere Hilfe annehmen möchte. Wir müssen nicht gleich die Ärmel hochkrempeln und tatkräftig zupacken, obwohl dies manchmal auch notwendig sein kann. Es ist ebenso wertvoll, dem anderen etwas Zeit zu widmen, ihm zuzuhören und für ihn da zu sein, ihm ein wenig Liebe und Aufmerksamkeit zu schenken.

Durch die Kraft der Liebe, die uns aus der göttlichen Quelle unaufhörlich zuströmt und nährt, sind wir eins mit der göttlichen Energie, eins mit der Energie der Engel, eins mit unserem Ursprung. So haben auch wir die Kraft zu trösten, aufzumuntern, zu helfen und jedermann liebevoll zur Seite zu stehen. Werde dir deiner eigenen Stärke bewusst. Seien wir ehrlich: Nicht selten hindert uns allein unsere Bequemlichkeit daran, unseren Mitmenschen ein Engel auf Erden zu sein. Doch freuen auch wir uns, wenn uns ein irdischer Engel begegnet und für uns da ist. Erinnere dich an das Gesetz der Resonanz: Jede Schwingung, die du aussendest, kommt irgendwann zu dir zurück. Erhöhst du deine Schwingung auf die Stärke der Liebe und sendest diese aus, so wird sie ihre Resonanz finden und auch dir wieder zufließen.

Wäre es nicht schön, wenn in uns allen der Vorsatz reifen würde, uns hin und wieder an unser wahres Sein zu erinnern, indem wir unseren Mitmenschen ein Engel auf Erden sind und wir ihnen liebevoll beistehen? Dabei sollte uns nicht der Wunsch nach Dank und Anerkennung leiten, sondern allein die Liebe unserer Herzen mit dem Wunsch für einander da zu sein. Auch unsere himmlischen Helfer handeln allein aus ihrer Liebe heraus. Selbstverständlich freuen sie sich über unseren Dank, doch wissen sie auch, dass die Schwingung der Liebe aufgrund des Gesetzes der Resonanz irgendwann zu ihnen zurückkommt. Sie werden uns also immer wieder freudig beistehen und wir sollten es unseren himmlischen „Kollegen" in Bezug auf unsere Mitmenschen hier auf Erden gleichtun.

Die folgende Meditation will dir helfen, dich an deine wahre Herkunft zu erinnern, und dich ermutigen, für deinen Nächsten ein Engel auf Erden zu sein. Nutze deine Fähigkeiten. Schenke deine Liebe. Du musst keine Wunder vollbringen, doch du bist zu Wunderbarem fähig.

Meditation: Ich bin ein Engel

Stell dir vor, du liegst bäuchlings auf einer wunderschönen Wiese. Es ist ein milder Frühlingstag und die Sonne wärmt angenehm deine Haut. Dabei atmest du die reine Luft ein und erfreust dich an den ersten bunten Frühlingsboten. Über dir hörst du das muntere Zwitschern der Vögel, die vergnügt die erwachende Natur verkünden.

In deinem Herzen sind eine wunderbare Ruhe und tiefer Frieden. Ganz entspannt liegst du auf dieser Wiese und genießt jeden deiner Atemzüge. Du fühlst dich verbunden mit der grünen Wiese, fühlst dich eins mit den bunten Blumen, den zwitschernden Vögeln, dem goldenen Sonnenstrahl und der frischen Frühlingsluft. Ja, du fühlst dich eins mit allem, was ist.

Wie du so daliegst, hast du das Gefühl, etwas wüchse auf deinem Rücken. Wie reifende Knospen scheint es zu wachsen. Schau über deine Schultern und erlaube deiner Fantasie, auf deinem Rücken wunderschöne Engelsflügel zu erkennen.

Spüre, wie du ganz weit und vollkommen leicht wirst. Und so wird dir bewusst, dass du ein Funke Gottes bist, entstanden aus seiner unendlichen Liebe und seinem Gedanken. Du bist durchströmt von der göttlichen Liebe und der göttlichen Kraft. Auch, wenn deine Seele jetzt gerade in der Gestalt eines Menschen auf der Erde weilt, erinnerst du dich doch daran, ein göttliches Wesen zu sein. Du wirst dir bewusst: Ich bin ein Engel!

Du bist ein wundervoller Mensch, der in sich die Möglichkeit trägt, seinen Mitmenschen und allen Wesen durch seine Energien und besonders durch seine Liebe helfend, tröstend, aufmunternd und liebend zur Seite zu stehen.

Nimm jetzt das zarte Gewicht deiner fantastischen Flügel auf deinem Rücken wahr. Spüre, wie göttliche Liebe dich durchströmt, dir die Kraft schenkt, unter deinen Mitmenschen Freude, Liebe und Hilfe zu verbreiten. Lass dir Zeit, um dir deiner Erscheinung und deiner Fähigkeiten als Engel bewusst zu werden. Dabei tauchen vor deinem inneren Auge Menschen und Wesen auf, die deiner Hilfe und deiner Liebe bedürfen. Sieh ihre Hilfsbedürftigkeit und erkenne, was du für sie tun kannst. Sei bereit, ihnen ein Engel auf Erden zu sein.

Ist dir deine Rolle als Engel noch fremd und fühlst du dich ein wenig hilflos, so kannst du auch deine persönlichen Engel um Rat und Unterstützung bei deinem Vorhaben bitten. Du hast dazu all die Zeit, die du brauchst.

Allmählich erkennst du immer deutlicher, wo und wie du als Engel wirken kannst. Nicht immer ist es notwendig, all die Aufgaben unseren himmlischen Helfern zu überlassen. Auch du kannst helfen, denn auch du bist ein Engel.

Stell dir nun vor, wie du deine Mitmenschen unterstützt, indem du ihnen beistehst, ihnen hilfst, deine Liebe und Zuneigung schenkst. Lass dir Zeit und verspüre dabei die Freude, die es dir bereitet, für sie ein Engel zu sein.

Mit Freude und Liebe im Herzen nimmst du dich wieder auf der wunderschönen, blühenden Frühlingswiese wahr. Zufrieden genießt du dein Dasein. Du fühlst dich eins mit allem, was ist. In dir ist das tiefe Wissen um deine göttliche Herkunft, deine unendliche Liebe und um deine Kraft, die es dir ermöglicht, als hilfreicher Engel jedem beizustehen. Und zugleich weißt du, dass du jederzeit auch selbst die Hilfe der himmlischen Engel in Anspruch nehmen kannst.

Zufrieden nimmst du dir nun noch all die Zeit, die du benötigst, bevor du in deinen Alltag zurückkehrst. Erst, wenn du dazu bereit bist, lässt du dich von deinem Atem wecken, spürst in deinen Körper hinein und öffnest ganz langsam deine Augen, mit dem Wissen, dass du für jeden ein Engel sein kannst.

Lass dich von mir umarmen,

damit wir gemeinsam

fliegen können.